DEMANDEZ et VOUS RECEVREZ

Les Éditions Transcontinental inc.
1100, boul. René-Lévesque Ouest
24ᵉ étage
Montréal (Québec) H3B 4X9
Tél.: (514) 392-9000 ou 1 800 361-5479

Pour connaître nos autres titres, tapez **www.livres.transcontinental.ca.** Vous voulez bénéficier de nos tarifs spéciaux s'appliquant aux bibliothèques d'entreprise ou aux achats en gros? Informez-vous au **1 866 800-2500.**

Distribution au Canada
Les Messageries ADP
2315, rue de la Province
Longueuil (Québec) J4G 1G4
Tél.: (450) 640-1234 ou 1 800 771-3022
adpcommercial@sogides.com

Distribution en France
Géodif Groupement Eyrolles — Organisation de diffusion
61, boul. Saint-Germain 75005 Paris FRANCE – Téléphone: (01) 44.41.41.81

Distribution en Suisse
Servidis S. A. – Diffusion et distribution
Chemin des Chalets CH 1279 Chavannes de Bogis SUISSE – Tél.: (41) 22.960.95.10
www.servidis.ch

Données de catalogage avant publication (Canada)
Morency, Pierre
Demandez et vous recevrez
ISBN 978-2-89472-201-5
1. Succès dans les affaires. 2. Qualité de la vie au travail. 3. Préjugés. 4. Succès - Aspect psychologique. I. Titre.

HF5386.M67 2002   650.1   C2002-941723-6

Révision et correction: Pierre-Yves Thiran
Mise en pages et conception graphique de la couverture: Studio Andrée Robillard
Photographie de l'auteur: Paul Labelle © 2006
Impression: Transcontinental Gagné

La forme masculine non marquée désigne les femmes et les hommes.

Imprimé au Canada
© Les Éditions Transcontinental, 2002
Dépôt légal — 4ᵉ trimestre 2002
12ᵉ impression, septembre 2006
Bibliothèque nationale du Québec
Bibliothèque nationale du Canada

ISBN 978-2-89472-201-5

Nous reconnaissons, pour nos activités d'édition, l'aide financière du gouvernement du Canada, par l'entremise du Programme d'aide au développement de l'industrie de l'édition (PADIÉ), ainsi que celle du gouvernement du Québec (SODEC), par l'entremise du programme Aide à la promotion.

PIERRE MORENCY

Les Éditions
Transcontinental

Remerciements

Au risque de faire cliché, je voudrais m'excuser de ne pouvoir nommer toutes les personnes qui ont pris part aux expérimentations ayant mené à cet ouvrage. Au cours des 21 dernières années, il y en a bien eu une dizaine de milliers. Merci à vous.

J'exprime toute ma gratitude à mes gourous : mes enfants Charlie, Timmy, Jaimee et... Bébé (elle n'est pas encore née mais m'a déjà enseigné bon nombre de choses), ma partenaire de vie Jessy (Dieu sait combien cette femme est patiente), mes parents, Gaura das, Nirvana Muni, Francis Hosein et Satchi. Ah ! j'allais oublier : Einstein !

Aussi, je remercie mon éditeur, Jean Paré, qui a réussi à me garder les pieds sur terre (tout un mandat) et m'a ainsi aidé à produire un ouvrage compréhensible et réaliste. Cela dit, dans quelle réalité est-il réaliste ? Vous verrez, ça, c'est une autre histoire !

Enfin, merci à vous, pour l'audace dont vous faites preuve en testant tout ça à votre tour.

Pierre Morency

Table des matières

L'ÉCHAUFFEMENT

Mon grand-père était un homme d'affaires. Il connaissait beaucoup de succès avec les nombreux commerces qu'il possédait dans la ville de Québec. Puis, après une série d'événements nébuleux, il perdit à peu près tout.

Pour me permettre de profiter de son expérience et d'éviter les coups durs qui l'avaient envoyé au tapis, il décida un jour de faire de moi un amateur inconditionnel de la recherche du succès et de ses lois.

J'avais neuf ans.

Ma formation commença un dimanche après-midi. Mon grand-père me lisait des passages de *La puissance de votre subconscient*, de Joseph Murphy. « Tout ce que tu obtiens dans la vie, disait-il, vient de ton subconscient. Ton subconscient répond précisément au contenu de tes pensées. »

Évidemment, à cet âge, l'effet de telles paroles est passager. N'empêche, la graine était semée. Aussi ma vie s'est-elle dessinée autour d'une grande passion : **la recherche des règles de la réussite.**

Scientifique de formation, je découvre chaque jour à quel point je ne sais presque rien de cet extraordinaire univers dans lequel nous vivons. Je constate aussi combien peu de gens se donnent la peine d'expérimenter les lois de la nature dans leur monde mental et intellectuel. Ils se contentent plutôt d'une vie faite de hauts et de bas, de regrets et de petits désirs.

Comme je suis physicien, mes tendances me poussent à l'expérimentation. Si j'ai retenu une chose de mes expériences, c'est que **la vie se goûte différemment selon le point de vue que l'on adopte.**

Je vous entends déjà me dire : « Mais qu'est-ce qu'un physicien fait à étudier le succès, le bonheur et la richesse ? » (J'oubliais, je suis aussi un passionné de marketing ; j'ai d'ailleurs écrit un best-seller sur le sujet en 2001.) Cette question, on me la pose chaque jour.

La réponse est pourtant bien simple. Si la physique est une science par laquelle une personne essaie d'expliquer des phénomènes en partant d'hypothèses excentriques, en orchestrant des expériences, puis en analysant des faits, il est possible de décortiquer le succès, le marketing, la richesse et le bonheur en employant une méthode semblable.

Vous cherchez une expérience de vie différente ? Vous voulez connaître les moyens de réaliser vos désirs ? À la suite de votre lecture, vous comprendrez que si vous voulez réellement changer d'air, vous devrez avoir l'audace de **demander**.

Je vous conseille même de demander sans réserve. Plus on demande, plus on reçoit !

Alors on commence. Prenez immédiatement un crayon et une feuille de papier. Allez, allez, tout de suite. Bien.

Écrivez **trois questions** qui vous ont poussé à ouvrir ce livre ou encore trois situations que vous cherchez à résoudre à l'aide de cette lecture.

Vous devez **écrire** les questions, pas simplement y penser. Plus celles-ci seront précises, plus les réponses que vous trouverez le seront. *Go*, écrivez !

Ne me dites surtout pas que vous lisez ce livre par simple curiosité. Ou parce que quelqu'un vous a dit qu'un certain Pierre Morency, un drôle de numéro qui se promène toujours en pieds de bas, fait depuis plus de 20 ans des recherches scientifiques sur le succès et qu'il propose le fruit de celles-ci dans le livre *Demandez et vous recevrez*.

Si vous ne lisez que par curiosité, vous risquez de manquer le bateau. Vous risquez de rater la plus belle leçon qu'on peut tirer de tout le livre, le secret des découvertes qui ont marqué mes nombreux déplacements, qu'il s'agisse de réunions d'affaires dans les plus grandes villes du Canada et des États-Unis ou de la visite de grottes mystérieuses en Inde.

Pour le moment, ne cherchez pas à comprendre **pourquoi** vous devez le faire. Écrivez simplement trois questions qui vous hantent à propos de votre vie, de votre succès, de vos avoirs, de vos relations, de ce que vous voulez.

« Demandez et vous recevrez. » Vous avez certainement déjà lu cette phrase dans la Bible ou ailleurs. Alors ? Vous avez demandé quoi en vous levant ce matin ? Rien ! Vous aurez quoi ce soir, en vous couchant, vous pensez ? Rien, c'est certain !

C'est simple, mais c'est vrai. Si vous ne demandez rien de précis, vous ne recevrez rien de précis. L'un des objectifs de ce livre est justement de vous aider à développer le réflexe de **toujours demander quelque chose à l'univers**, et quelque chose de plus en plus gros.

Alors ne faites ni une ni deux, prenez un bout de papier et écrivez vos trois questions.

Vous vous émerveillerez en découvrant la puissance d'une phrase aussi simple que « Demandez et vous recevrez ». Si vous n'avez rien à demander, ce livre sera totalement inutile. Donnez-le à quelqu'un d'autre ou rangez-le jusqu'à ce que vous ayez quelque chose à demander.

Je vous préviens, vous recevrez des réponses à la mesure de vos questions. Pas plus, pas moins. Alors demandez gros, bon sang, demandez gros !

POURQUOI LE SUCCÈS ?

Je sais ce que vous voulez savoir : pourquoi accorder autant d'importance au succès ? On entend parler de succès partout, direz-vous. Est-ce là tout ce qui compte dans la vie ? Avons-nous vraiment besoin

de rechercher sans cesse le succès ? Est-ce si important que ça, le succès, dans ma vie ? Au fait, que veut dire « avoir du succès » ?

Il s'agit là d'excellentes questions. Voici ma réponse.

Il est 6 h. Le réveil sonne.

Quand vous avez appuyé trois fois sur le bouton *Snooze*, une petite
voix vous dit que si vous ne vous levez pas maintenant, il vous man-
quera de temps pour prendre votre douche, déjeuner et sortir les
ordures.

Les enfants habillés, vous atteignez enfin votre vitesse de croisière.
Vous sautez dans la voiture, prenez la route, vous vous battez avec
le café qui se renverse sur vos vêtements après que vous avez donné
un coup de frein subit pour éviter l'abruti qui vient de vous couper.

Une fois au bureau, vous allumez l'ordinateur, puis jetez un coup
d'œil rapide aux 47 messages reçus dans la nuit. Comme d'habitude,
la moitié d'entre eux sont à caractère pornographique ou encore
vous donnent la recette qui permet de devenir riche en quelques
jours.

Vous consultez votre montre, votre agenda et votre « To do » de la
journée. Vous commencez à compter les heures qui vous séparent de
l'heure du lunch ; manifestement, le croissant avalé en deux
bouchées à un feu de circulation ne vous a pas rassasié.

La lecture du journal vous occupe pendant plus d'une heure et
demie. Votre horoscope vous annonce que vous aurez de la chance
en amour toute la journée. Enfin, un peu de piquant ! Vous faites un
petit détour par la salle de bains, histoire de vérifier votre look avant
de commencer le travail. Il est 10 h.

Pendant votre heure de lunch, vous courez à la banque ; vous vous demandez s'il reste assez d'argent dans votre compte pour le paiement mensuel de votre voiture. Au kiosque à journaux, vous achetez un paquet de cigarettes et ne vous surprenez même plus de son prix qui ne cesse de grimper. Assurément, le gouvernement a bien compris qu'une taxe de plus ou de moins ne changerait pas votre désir de terminer votre sandwich en fumant devant la porte d'entrée de l'édifice où vous travaillez – parce que, bien sûr, on ne fume plus à l'intérieur.

L'après-midi, à demi somnolent, vous reprenez distraitement le travail en méditant sur le prochain film que vous louerez au vidéoclub ce vendredi. Vous regarderez celui-ci dans votre salon, scotch en main, pour célébrer l'arrivée toujours trop lente du week-end.

Il est 17 h. Vous voilà enfin chez vous. Juste à temps pour allumer la télévision et entendre pour la cinquième fois les nouvelles de la journée.

Le souper terminé, vous passez 10 minutes avec votre plus jeune devant les devoirs et le Nintendo avant de vous installer confortablement pour une soirée de divertissement devant le petit écran. Les émissions de voyages, d'aventures, d'action et de romance vous font rêver toute la soirée.

En pensant à toutes les guerres et aux milliers de personnes qui souffrent dans d'autres pays, vous vous répétez, en montant vous coucher, que votre vie, au fond, n'est pas si mal que ça. Vous vous endormez, et le même scénario se répète le lendemain.

Palpitant, n'est-ce pas ? Vraiment, c'est le summum de l'excitation. Voilà une vie qui vaut la peine d'être vécue.

À la lumière de cette inspirante description, vous vous demandez encore pourquoi le succès m'intéresse autant ? Vraiment ?

Les vacances et l'île du paradis terrestre

Vous n'y avez peut-être jamais songé : vous avez bien de la chance d'être en vie. Imaginez quelques instants que vous ne soyez jamais né. Pensez : « Je n'existe pas. » Quelle étrange sensation, hein ?

Mais vous existez. Oui, oui, vous êtes bien là ! Je dirais même que non seulement vous existez, mais vous avez très peu de responsabilités réelles. Bien sûr, vous avez vos tâches quotidiennes. Toutefois, combien de vos activités sont *réellement* nécessaires ? En vérité, très peu.

Pendant qu'on y est, vous vous demandez sans doute pourquoi vous êtes sur Terre. J'ai une réponse : pour vous accorder un peu de repos. Croyez-le ou non, **vous êtes ici en vacances.**

En fait, vous êtes ici pour vivre consciemment les rêves les plus fous, jusqu'au jour où vous croirez avoir goûté à toutes les aventures possibles dans un costume d'être humain. C'est tout un privilège d'avoir obtenu ce type de costume, mais soyez tranquille, vous avez *mérité* cet habit. Vous avez mérité cette vie. Aussi bien profiter de vos vacances au maximum.

Vous doutez encore de la chance fabuleuse que vous avez ? Suivez-moi.

Vous êtes le spermatozoïde élu !
Sortez votre calculatrice immédiatement. Allez-y, je vous attends.

Faisons un petit calcul. Dans une éjaculation masculine, il y plus de 400 millions de spermatozoïdes.

Je ne doute pas que votre père soit un homme très chaste, alors admettons qu'il a probablement eu (et aura dans sa vie), disons, au moins 10 éjaculations, oui ? Une femme de son côté, a normalement de 400 à 500 ovulations au cours de son existence.

Donc, 400 millions de spermatozoïdes multiplié par 10 éjaculations (enfin, peut-être 15…) multiplié par 500 ovules, ça fait combien ?

Deux millions de fois un million ou si vous préférez 2 000 000 000 000. Imaginez un peu le calcul si votre père était le moindrement actif !

Autrement dit, la probabilité que vous veniez au monde n'était que d'une seule chance sur 2 à 2 000 trillions. Vous avez vraiment bien de la chance : vous êtes né !

Vous pouvez donc vous relaxer. Vous avez déjà gagné à la plus grosse loterie de l'univers, celle de la vie. Vous êtes *le* spermatozoïde élu !

Du calme
Bienvenue au paradis terrestre.

Croyez-le ou non, vous et moi vivons bel et bien actuellement au paradis terrestre. C'est évidemment pour cela qu'on parle du paradis *terrestre*. Vous êtes ici en vacances.

Vous avez gagné le billet chanceux et on vous a envoyé au super Club Med du paradis terrestre pour une toute petite fraction de temps universel. Après tout, 60 à 100 années de vie humaine ne sont qu'un instant si on considère les milliards d'années de l'univers.

En effet, selon de très récents calculs en astronomie, l'univers aurait plus de 14 milliards d'années, depuis le big-bang (l'explosion initiale). Quatorze milliards d'années. C'est quoi, 100 ans, vous pensez, sur une échelle de 14 milliards d'années ? Rien du tout. Une petite particule d'intelligence, sans plus.

Il serait peut-être temps de profiter de ces foutues vacances, non ?

« Ouais, tu parles de belles vacances. Y faut passer sa jeunesse à étudier, puis se battre pour trouver du travail. Ensuite, y faut perdre ses plus belles années à bûcher comme un défoncé pour avoir assez d'argent pour payer la maison, la nourriture et les besoins des enfants, pour peut-être avoir quelques semaines de repos chaque année. Pire, y faut mettre de l'argent de côté pour avoir 10 ans de retraite confortable durant laquelle on devra prendre tout l'argent mis de côté pour payer les médicaments requis pour rester en vie. Avoir su, j'aurais changé d'agence de voyages ! »

Je comprends votre point de vue. Mais il ne s'agit justement que d'un point de vue. Moi, je ne partage pas du tout cette façon de voir la vie. Ce n'est pas parce que la majorité des individus choisissent cette manière de penser que vous devez aussi l'adopter.

Sur l'île du paradis terrestre, tout est permis. Vous avez le choix. Même le choix de passer toutes vos vacances enfermé dans votre chambre à coucher, les rideaux tirés, en vous plaignant du manque de soleil.

Vous savez, dans un jardin de roses, il y a aussi des ronces. Ce n'est certainement pas en passant vos journées à vous plaindre des ronces que vous pourrez profiter du parfum des roses.

L'effet macho

« Utopique ! »

« Pierre, es-tu tombé sur la tête ? »

« Pierre, tout cela n'a pas de bon sens ! »

Stop ! Arrêtez ! Je sais ce que vous pensez :

> « Dans la vie, il faut travailler fort. »
> « Dans la vie, on ne peut pas tout avoir. »
> « Dans la vie, on doit planifier. »
> « Dans la vie, il faut se protéger. »
> « Dans la vie, il faut éduquer ses enfants. »
> « Dans la vie, il faut faire des économies. »
> « Dans la vie, bla bla bla... »

En repassant sans cesse ce refrain dans votre esprit, vous finissez par y croire vraiment. Le pire, c'est que vous semblez en être fier ! « Tu sais Bob, la semaine dernière, j'ai travaillé 90 heures ! J'ai presque couché au travail.

– Wow Monique, tu travailles fort en tit péché ! »

Ça vous fait un petit velours de vous faire dire par vos parents, vos collègues et vos amis que vous travaillez fort ? Sachez que c'est exactement le même genre de velours qu'on retrouve au fond d'un cercueil.

Haut les mains : la job ou la vie !
Je m'excuse d'être aussi direct avec vous, comme ça, d'entrée de jeu, mais je n'ai pas toute l'éternité devant moi pour vous inciter à sortir vos pieds du béton armé de vos croyances. Nous en sommes déjà à

la page 19 de ce bouquin et je dois vous faire un bref rapport de 21 ans de recherches. Je n'ai pas le temps de mettre des gants blancs.

Alors dites-moi : « Seriez-vous prêt à échanger votre vie contre votre travail ?

– Tu parles d'une question. Bien sûr que non ! »

Mais **c'est exactement ce que vous faites !** Votre vie est entièrement consacrée à l'obtention, à la préparation, au maintien et à l'entretien de votre travail. C'est tellement vrai que lorsque vous prenez des vacances, vous ne savez déjà plus quoi faire après 24 heures.

Pas d'accord ? OK. Je vous lance un défi : vendredi soir, samedi et dimanche (ou vos deux prochains jours de congé, selon votre horaire de travail), vous n'avez ni le droit de regarder la télévision, ni le droit de lire le journal, ni le droit de faire une activité reliée au travail.

Quand vous aurez relevé ce défi sans vous ennuyer, vous serez peut-être prêt pour la suite du livre.

Du temps pour penser

Qu'est-ce qui distingue les êtres humains des vaches, des chevaux et des cochons ? Après tout, nous mangeons, dormons, copulons et travaillons, tout comme eux.

Nous sommes aussi capables de **penser**, voilà.

Alors, vous passez combien de temps par semaine à penser ? Dans votre horaire hebdomadaire, combien d'heures sont réservées exclusivement à penser ? Des périodes où vous n'êtes pas au bureau, pendant lesquelles vous marchez en vous grattant la tête pour trouver des façons d'améliorer l'efficacité et l'intensité du reste de vos heures ?

C'est bien ce que je croyais.

Si vous ne prenez pas le temps de penser pour améliorer votre efficacité au travail et la couleur de votre vie en général, **qui le fera ?**

Dans votre entreprise, qui pense ? Chez vous, qui pense ? Dites-vous bien que si vous ne pensez pas, vous n'êtes pas mieux qu'une vache, un cheval ou un cochon.

> Vous devez limiter vos heures de travail à 30 par semaine **au maximum.** Vous devez prendre au moins une journée entière, chaque semaine, pour **penser**. Cette journée ne peut être passée au travail.

« Voyons, Pierre, c'est impossible ! Je manque déjà de temps. »

Vous manquez de temps justement parce que vous ne prenez jamais le temps de considérer **comment vous pourriez accomplir la même besogne en moins de temps.** Surtout ne me dites pas que vous avez un employeur rigide, un contrat de travail fixe, que vous êtes rémunéré à l'heure et patati, patata.

Vous croyez vraiment que les gens qui ont les plus belles vies travaillent 90 heures par semaine ? Vous croyez sincèrement que les personnes qui gagnent 10 ou 100 fois plus d'argent que vous travaillent 10 ou 100 fois plus d'heures que vous ?

Pas du tout !

Les gens qui réussissent sont même ceux et celles qui travaillent le moins. **Moins d'heures de travail = plus de richesse.**

Ces personnes se donnent toutefois la peine de mettre au point les méthodes qui leur permettront de maximiser leur efficacité et ainsi d'avoir la possibilité de vivre une vie plus excitante que la moyenne.

Une travailleuse pas comme les autres

« Mon patron refuse toujours d'écouter les idées que je lui soumets. À quoi bon chercher de nouvelles idées ? »

J'ai connu une dame qui travaillait dans une banque américaine au comptoir du service à la clientèle. Salaire annuel : 22 500 $. Elle me dit qu'un jour, elle avait eu une idée géniale pour augmenter la rentabilité de l'entreprise. Comme elle rencontrait bon nombre de clients chaque jour, elle était en effet bien placée pour connaître les défis de son établissement.

Elle m'avoua que son supérieur avait rejeté son idée sans même prendre quelques minutes pour analyser les détails du projet.

Je lui posai alors la question suivante : « Êtes-vous convaincue que votre idée serait efficace et rentable pour l'entreprise ? »

Elle me répondit : « Je mettrais ma main au feu que oui. Le projet ne coûterait que 10 000 $ et rapporterait en 30 jours au moins 40 000 $. Du 400 % de rendement en un seul mois ! » Je la relançai : « Si vous êtes prête à mettre votre main au feu, seriez-vous prête à mettre votre salaire en jeu ? »

Le lendemain, elle me dit qu'au fond son travail était monotone et que, franchement, un salaire de 22 500 $ n'était pas difficile à trouver ailleurs. Elle était déterminée à tout risquer.

Voici ce qu'elle fit : elle proposa au patron de la succursale de prendre le projet à sa charge. Elle offrit aussi, tenez-vous bien, son salaire en garantie en disant que, si le projet échouait, elle rembourserait elle-même les 10 000 $ nécessaires pour lancer le projet en prélevant la somme sur son maigre salaire de 22 500 $. En revanche, si le projet était couronné de succès, elle voulait le tiers des profits additionnels pendant deux ans.

Son audace fut payante. Non seulement elle doubla son salaire ce mois-là, mais elle obtint deux promotions la même année.

LES PRINCIPES SCIENTIFIQUES DU SUCCÈS

DEMANDEZ, BON SANG !

Je ne suis qu'un simple physicien. Je ne suis pas ici pour vous dire ni comment vivre, ni pourquoi vivre.

Je partage simplement avec vous le fruit de mes recherches, de mes expériences et de mes observations. J'écris parce que je dois me vider l'esprit. J'écris pour faire de la place aux nouvelles expériences. Vous ferez ce que vous voudrez avec tout ça. Ce sera *votre* problème.

S'il y a une chose que je peux vous dire, c'est que je n'ai encore rencontré une seule personne qui ne vive exactement la vie qu'elle demande à chaque jour de vivre.

> Vous vivez exactement, ici et maintenant, la vie que vous demandez de vivre.

L'univers est mathématique. La précision du mouvement des planètes, la régularité impeccable des saisons, la symbiose merveilleuse des groupes d'êtres vivants, tout est calculé.

Vous vivez exactement la vie que vous demandez de vivre parce qu'il ne peut pas en être autrement. Votre vie est le reflet exact de vos pensées quotidiennes.

Je sais, je sais, vous espériez peut-être quelque chose de plus « scientifique », mais c'est incontournable : **vos pensées sont créatrices.** Vous avez naturellement déjà lu ça quelque part. Sauf qu'aujourd'hui, les physiciens les plus sceptiques doivent conclure de leurs propres expériences que la matière n'est rien d'autre que de l'énergie et que l'énergie n'est rien d'autre que de la conscience !

Si une pensée est générée par de la conscience, qui génère de l'énergie, qui à son tour se condense pour devenir matière, alors vos pensées sont créatrices **par un procédé tout à fait scientifique !**

Ainsi, vous voulez changer votre vie ? Eh bien ! changez vos pensées.

Je pourrais terminer le livre ici. En une seule phrase, j'ai tout résumé. Tout ce qu'ont dit les Jésus, Bouddha et Mahomet, les Einstein, Heisenberg et autre cerveaux scientifiques. Tous ces êtres avaient un seul et même message : « Demandez et vous recevrez. »

Maintenant, **comment** allez-vous recevoir ? Ah ! ça, ce n'est pas de vos oignons ! Nous n'avons, ni vous ni moi, suffisamment d'intelligence pour comprendre *comment* nos demandes se réaliseront. Des milliards de variables entrent en jeu chaque jour. Nous-mêmes, nous avons de la difficulté à gérer deux ou trois variables à la fois. Imaginez des milliards ! De toute évidence, nous ne sommes pas bâtis pour le « comment », mais plutôt pour le « quoi » et le « pourquoi ».

En vacances, on ne perd pas son temps à se demander comment le chef cuisinier a préparé le repas. On commande, on mange et on profite. *That's it !* Il n'y a rien d'autre à dire, sauf si vous voulez prendre le chemin le plus long et cherchez à tout justifier.

Oui, je sais, votre intellect n'est pas satisfait. C'est trop facile. Vous n'avez pas assez fait d'efforts pour vous permettre de réussir tout de suite. Vous voulez mériter votre ciel. Vous voulez gagner votre pain à la sueur de votre front.

Très bien. Puisque vous insistez. Vous voulez des détails, en voici. Mais je vous les donne seulement parce que vous aimez vraiment vous compliquer la vie. Ç'aurait pu être si simple !

Les chats de Kissimmee

L'été dernier, ma femme, mes trois enfants et moi avons pris quelques semaines de vacances en Floride. Un soir que nous campions à Kissimmee, tout près du pays de Walt Disney, nous regardions la pleine lune quand une dizaine de chats surgirent non loin de nous.

Il y en avait de tous les genres : un gros chat noir qui donnait l'impression d'être le doyen du groupe ; une mère avec ses deux petits ; un autre à la queue couleur crème qui semait la pagaille ; un matou aux allures de panthère qui ne semblait pas le bienvenu.

Pendant que je leur apportais un bol de lait, des miettes de pain et le plat de résistance, du spaghetti, j'admirais toute la spontanéité de leur vie. Je me demandais ce qu'ils auraient mangé ce soir-là en notre absence, ou en présence de campeurs plus récalcitrants.

Je venais de réapprendre une belle leçon. En tenant pour acquis leur prochain repas, ces animaux sauvages le recevaient tout naturellement.

En faisant tout un plat de notre futur, nous le repoussons et le rendons plus difficile.

Une livre de beurre

L'épisode des chats sauvages me rappelle un extrait de la Bible où il est dit des oiseaux : « […] car ils ne sèment ni ne moissonnent, pourtant votre Père céleste les nourrit. »

À force de craindre de manquer d'argent, de nourriture, de vêtements et de moyens, nous donnons littéralement naissance à ces problèmes.

Pourtant, vous ne manquez pas de beurre à la maison. Est-ce que le beurre est plus facile à obtenir que l'argent, une maison ou une voiture de luxe ? Non. Pas plus difficile. Seulement différent. **Seulement différent dans votre échelle de pensées.**

Je sais que vous croyez qu'il est plus difficile de gagner 100 000 $ par année que 30 000 $. Là est votre problème. Tant que l'argent sera dans votre esprit plus difficile à obtenir qu'une livre de beurre, il sera aussi dans les faits plus difficile à obtenir.

> Je peux vous certifier qu'il n'est pas plus difficile de gagner un million de dollars que 10 000 dollars. Ce n'est pas plus difficile. **C'est juste différent.**

Est-il plus difficile d'aller de Montréal à Londres que d'aller de Montréal à Boston ? « Ce n'est pas plus difficile, c'est plus long », pensez-vous.

Vraiment ? Imaginez que vous allez de Montréal à Boston à vélo alors que je me rends de Montréal à Londres en Concorde. Quel voyage demandera le plus de temps ?

Une histoire de jambon

Lorsque j'étais jeune, ma mère nous servait à l'occasion du jambon. Chaque fois que la pièce de viande était déposée au centre de la table, elle était coupée aux deux bouts.

Curieux, je finis un jour par demander à maman la raison pour laquelle elle coupait les deux bouts du jambon avant de le servir. Le regard surpris, ma mère me répondit : « Ta grand-mère m'a montré à le servir comme ça. »

Je saute sur le téléphone : « Grand-maman, pourquoi coupez-vous le jambon aux deux bouts avant de le servir ?

– Mon petit gars, ton arrière-grand-mère coupait le jambon aux deux bouts. C'est d'elle que j'ai appris ça. »

Incapable de joindre mon arrière-grand-mère dans l'au-delà, je finis par découvrir qu'à la maison de mon arrière-grand-mère, il n'y avait qu'une toute petite cuisinière. Le sacré jambon n'entrait tout simplement pas dans le fourneau ! Il était donc amputé aux deux bouts pour des raisons d'espace.

Trois générations de coupeuses de jambon pour **rien** !

Tenez-vous-le pour dit : la plupart des croyances, dont les vôtres, ne sont que des histoires de jambon !

Aristote et Galilée

Vous voulez un autre exemple ? Voici toute une histoire de jambon. Tenez-vous bien, vous n'en reviendrez pas.

D'abord, présentation des deux acteurs : **Aristote**, philosophe grec et célèbre disciple de Platon. Héros du IVe siècle avant Jésus-Christ, il en impose par sa capacité gigantesque de raisonnement ; il enfonce la logique dans le crâne de ses élèves pour des générations à venir. Il prétend que la métaphysique sert de fondement au physique, qui tend naturellement vers sa perfection.

Galilée (1564-1642), mathématicien, philosophe et physicien, découvre à 19 ans les lois du mouvement pendulaire, en observant un lustre dans la cathédrale de Pise.

Dans le coin gauche, Aristote, cerveau de la logique ; dans le coin droit, Galilée, expérimentateur scientifique. L'enjeu : **trouver la bonne théorie de la chute des objets.**

Aristote prétend que si on laisse tomber simultanément deux objets, l'un deux fois plus lourd que l'autre, l'objet deux fois plus lourd tombera nécessairement deux fois plus vite que l'autre.

Est-ce exact? Faites l'expérience et tirez votre propre conclusion. Grimpez sur une chaise avec, dans votre main droite, un petit objet, et, dans votre main gauche, quelque chose d'au moins deux fois plus pesant, puis laissez tomber les objets simultanément.

Alors? Est-ce que l'objet deux fois plus lourd est arrivé au sol deux fois plus vite, comme le célèbre Aristote l'a enseigné? Non! **Les deux objets touchent le sol simultanément.**

Galilée a prouvé l'erreur de raisonnement d'Aristote par une vraie expérience, en grimpant au sommet de la tour de Pise avec des boulets de canon (c'est pour ça qu'elle est penchée!) et à la grande surprise du monde scientifique, tous les boulets touchèrent le sol en même temps!

Plus de 1 800 ans de fausse croyance parce que personne n'avait tenté l'expérience, 1 800 ans d'enseignement répandant une fausseté parce qu'on s'était fié à un raisonnement plutôt qu'à une expérience!

Une autre histoire de jambon.

La programmation de vos croyances

Votre vie est le fruit de vos pensées, nous l'avons déjà dit. Mais ces fameuses pensées, où prennent-elles leur origine?

Si on compare le cerveau à un puissant ordinateur, les pensées sont comme les messages qui apparaissent à l'écran du terminal. Ces messages proviennent des lignes de programmation entrées dans le logiciel utilisé. Il en va de même pour vous et pour toutes les expériences de votre vie. **Tout dépend de votre logiciel de croyances.**

Prenons un échantillon de vos croyances et regardons avec quoi votre « ordinateur de bord » doit travailler. Sachez que chacune de vos croyances déclenche les expériences que vous vivez.

- Vous croyez que l'argent ne fait pas le bonheur.

- Vous croyez qu'il ne faut pas mettre tous ses œufs dans le même panier.

- Vous croyez qu'il faut se garder des portes de sortie.

- Vous croyez qu'il faut se protéger, que ça prend des assurances, des brevets, un système d'alarme et un fonds de pension.

- Vous croyez qu'il faut assurer ses vieux jours en mettant de l'argent de côté.

Vous en voulez d'autres ?

- Vous croyez que les péchés vous conduiront en enfer et que les bonnes actions vous mèneront au paradis.

- Vous croyez qu'il faut manger de la viande pour trouver les protéines nécessaires aux muscles.

- Vous croyez que, pour perdre du poids, il faut faire de l'exercice.

- Vous croyez que, plus vous fumez, plus vous risquez d'avoir le cancer.

- Vous croyez que l'éjaculation (masculine *et* féminine) et l'orgasme sont synonymes.

- Vous croyez qu'il est de la responsabilité des parents d'éduquer les enfants.

Et ma préférée : vous croyez que, dans la vie, vous pouvez *aider les autres*. Ce qu'elle me plaît celle-là !

Tout un palmarès de croyances à votre actif. Et dire que ce n'est que le début.

Je ne pointe personne du doigt (parce que je sais que lorsqu'on pointe du doigt, trois doigts pointent vers soi ; allez-y, pointez du doigt, vous verrez, trois doigts vont dans *votre* direction).

Je cherche simplement à vous montrer à quel point votre vie est dirigée par une série de croyances totalement destructives qui ne sont au fond que de véritables histoires de jambon.

Prenez un moment pour analyser les effets de cette série de croyances sur votre vie. Soyez critique envers vous-même ; observez-vous bien comme il faut.

• « L'argent ne fait pas le bonheur »
Pas étonnant que vous en ayez peu ou pas assez dans votre vie ! Si vous répétez sans cesse à un ordinateur que vous voulez « le bonheur » et que vous lui dites ensuite que « l'argent ne fait pas le bonheur », comment croyez-vous que l'ordinateur réagira devant les occasions de faire un coup d'argent ?

• « Il ne faut pas mettre tous ses œufs dans le même panier »
Si vous vous donniez la peine d'ouvrir les yeux, d'oublier les journaux et de regarder objectivement la vie des personnes qui réussissent le mieux et qui ont le plus de plaisir dans ce paradis terrestre, vous constateriez illico qu'elles mettent tous leurs œufs dans le même panier.

Bien sûr, elles cassent parfois quelques œufs. *So what ?* Elles mettent plus d'œufs dans le panier, c'est tout. Apparemment, on ne fait pas non plus d'omelette sans casser des œufs, alors soyons cohérent !

• « Il faut se garder des portes de sortie »
Pour voir de nouveaux océans, il faut être prêt à perdre des yeux le rivage. Tant que vous aurez une porte de sortie, vous ne vous jetterez pas corps et âme dans un seul projet.

Votre cerveau interprète toujours le besoin d'une porte de sortie comme une possibilité d'échouer. L'échec est donc mis en mouvement.

• « Il faut se protéger ; j'ai donc besoin d'assurances, de brevets, d'un système d'alarme et d'un fonds de pension »
Vous protéger de quoi ? La seule chose contre laquelle vous avez besoin de protection, c'est vos propres croyances. Si quelqu'un vous offre de l'assurance-croyances, alors là, je veux bien !

• « Il faut assurer ses vieux jours en mettant de l'argent de côté »
C'est ça, vous passez votre vie à travailler comme un fou ou comme une folle, vous ruinez votre santé en chemin, et plus tard vous utilisez l'argent que vous avez mis de côté pour payer vos médicaments. Belle formule.

• « Les péchés conduisent en enfer et les bonnes actions au paradis »
J'adore étudier les religions. Je ne vous parle pas des organisations humaines qui ont bâti des mouvements religieux. Je vous parle des textes sacrés et des grands maîtres qui vivaient (et vivent toujours…) leurs propres enseignements.

Ils ont tous, je répète, **tous** dit que le vrai paradis se trouve dans le moment présent. Ils ont aussi enseigné que Dieu est omniprésent. Si

Dieu est partout, il est aussi ici. Comment Dieu pourrait-il être autre chose que quelque chose de merveilleux ?

- **« Il faut manger de la viande pour trouver les protéines nécessaires aux muscles »**
Le but de ce livre n'est pas de vous donner un cours de gastronomie ni de faire la promotion du végétarisme. Toutefois, il est clair que votre organisme et votre conscience (rappelez-vous : la matière devient énergie qui devient conscience) absorbent et se mettent à vibrer à la même fréquence que ce que vous mangez.

Je vous propose une expérience intéressante : pendant sept jours consécutifs, mangez un certain type de viande chaque jour et notez vos émotions, votre appétit sexuel, votre qualité de sommeil, bref observez les réactions de votre corps *et* le type de pensées que vous aurez. La semaine suivante, ne mangez ni viande ni œufs, et refaites la même analyse. Vous verrez votre rythme vibratoire changer. C'est tout à fait physique. Pour ma part, je suis bien content qu'il y ait encore des carnivores. Sinon, les animaux mangeraient toute la nourriture des végétariens.

- **« Pour perdre du poids, il faut faire de l'exercice »**
Je ne suis pas en train de vous inviter à fuir l'activité physique. Au contraire. Mais sachez qu'un grand nombre de personnes qui ne font aucun exercice ou presque réussissent à contrôler parfaitement leur poids.

Avant de tout mettre sur le dos de la génétique et de l'hérédité (ce qui est en soi une croyance – les gênes étant eux-mêmes des croyances « matérialisées »), observez vos croyances au sujet du poids et des régimes alimentaires.

Par exemple, vous pensez qu'en réduisant le gras vous perdrez du poids. Vous pensez aussi que les protéines animales sont plus puissantes que les protéines végétales. Il y a tellement d'idées reçues en matière d'alimentation que le « logiciel de croyances alimentaires » du commun des mortels se dérègle à rien.

Vous savez, les Italiens boivent plus de vin que les Anglais et font moins de crises cardiaques. Mais les Chinois en boivent moins que ces mêmes Anglais et souffrent aussi moins de crises cardiaques. Les Français mangent plus gras que les Anglais et ont moins de problèmes de cœur. Mais les Japonais mangent moins gras que les Anglais et, devinez quoi, ils ont aussi moins de problèmes que les Anglais à ce chapitre.

Conclusion : mangez et buvez ce que vous voulez mais ne soyez pas Anglais ! (Il faut bien se venger un peu, les Anglais ont droit à la langue universelle sans devoir se taper l'apprentissage d'une langue seconde.) Blague à part, pour chaque régime offert, vous trouverez une personne qui propose un régime contraire et qui peut aussi dresser une liste de cas à succès. Le point commun : **les croyances.**

- **« Plus vous fumez, plus vous risquez d'avoir le cancer »**
Si vous croyez que plus vous fumez, plus vous risquez d'avoir le cancer, surtout, ne fumez pas.

Cela dit, vous avez certainement dans votre famille un oncle ou une tante qui fume cinq paquets de cigarettes par jour et qui a survécu à tous ses frères et sœurs. Pourquoi ? Parce que la ligne de code « fumer = cancer » n'existe pas dans son logiciel de croyances.

Attention : avant d'utiliser cette excuse pour vous remettre à fumer, assurez-vous qu'il n'y a aucun, je dis bien **aucun** petit restant de croyances dans votre esprit entre la cigarette et la santé.

Comme cette croyance est presque généralisée dans toutes les sociétés développées (et amplifiée continuellement par les recherches médicales et les médias), je vous recommande de ne pas fumer si vous êtes accroché à la cigarette.

En fait, vous devriez atteindre le point où vous êtes neutre à l'égard de la cigarette ou de l'alcool. Autrement dit, si un seul verre d'alcool vous fait sombrer ou re-sombrer dans un alcoolisme complet, vous êtes tout aussi dépendant qu'un alcoolique. L'indépendance se mesure à la capacité de faire quelque chose en plein contrôle et d'arrêter quand on le veut.

- • **« L'éjaculation (masculine et féminine) et l'orgasme sont synonymes »**
Quelle triste croyance ! Fait : l'éjaculation, celle des hommes comme celle des femmes, constitue une énorme perte d'énergie physique et psychique. Vous en doutez ? Essayez de créer quelque chose de décent après trois éjaculations en moins de deux heures, vous m'en donnerez des nouvelles. Cela dit, l'orgasme et l'éjaculation ne sont pas nécessairement liés. Encore une histoire de jambon. Vous pouvez atteindre l'orgasme sans éjaculer, en conservant la plus grande partie de votre énergie.

- • **« Il est de la responsabilité des parents d'éduquer les enfants »**
Celle-ci est tellement intéressante que j'y reviens plus loin.

- • **« Dans la vie, je peux aider les autres »**
Un petit animal blessé se trouve au bord d'une route. Voulant l'*aider*, vous le ramassez et le déplacez dans la forêt un peu plus loin. Vous êtes content de vous pour l'avoir « aidé ». Dites-moi : comment savez-vous que vous l'avez aidé ? En êtes-vous bien sûr ? Si l'animal tentait de traverser la route pour rejoindre ses petits qui l'attendent de l'autre côté, vous l'avez peut-être retardé de sept jours !

Si vous voulez vraiment aider, aidez-vous vous-même en devenant une personne qui s'amuse pleinement, qui rayonne, qui trouve que la vie est merveilleuse. Aidez les autres en les incitant à mettre fin à leur vie triste et ennuyante. Pour ce qui est de l'altruisme, on repassera. Le vrai altruisme commence par votre propre développement. Vous en connaissez, vous, des non-voyants guidés par des chiens aveugles?

« Pierre, tu n'es pas réaliste »

Je sais. Mais vous non plus. Personne n'est réaliste lorsqu'il essaie d'expliquer sa réalité et de l'exporter dans la vie d'un autre.

Vous avez tout à fait raison, il m'est impossible d'être réaliste dans votre réalité. Je n'en veux pas de votre réalité. Je préfère ma réalité de « folie ».

Les gens dits normaux travaillent 70 heures par semaine, gagnent un maigre 40 000 $ par année, font des dépressions à 30 ans et des crises cardiaques à 50 ans. Je suis bien content d'être fou!

J'aurais donc dû...

Saviez-vous que 0,9 % des personnes meurent heureuses? Pas plus de 9 personnes sur 1 000, quelques jours avant de mourir, affirment qu'elles ont vécu une vie satisfaisante.

Bien sûr, si vous posez la question à des passants sur la rue, tout le monde vous répondra qu'il est satisfait de sa vie. Ce n'est qu'une façade. Les mourants ont l'avantage de se ficher complètement de ce que vous allez penser d'eux. Ils vous disent ce qu'ils ressentent vraiment.

Et ils ont des regrets! Beaucoup de regrets.

Que regrettent-ils? Leurs erreurs? Non!

> Ce que les personnes regrettent à la fin de leur vie, ce sont les choses qu'elles n'ont pas faites, pas leurs erreurs !

Par conséquent, combien de temps devrions-nous passer à éviter de faire des erreurs ? Combien de temps devrions-nous passer à analyser les choses et à les étudier pour éviter de nous tromper au lieu de passer à l'action ?

Réponse : **zéro minute.** Pas une seule seconde de notre précieux temps ne devrait être consacrée aux analyses et aux scénarios de ce genre. Si, un jour, nous avons de la peine en pensant aux choses que nous n'avons pas faites, c'est que nous aurons gaspillé notre temps à essayer de planifier les événements en vue d'éviter de faire des erreurs. Nous devrions même **oublier le concept d'erreur** et plonger dans ces défis que nous regretterions, autrement, de n'avoir pas relevés lorsque la fin approchera.

Au diable les erreurs ! D'ailleurs, qui peut dire qu'une chose est une erreur, à moins d'être capable de prédire l'avenir ? Comment pouvez-vous dire que vous vous êtes trompé avant de savoir où cette « soi-disant » erreur va vous conduire ?

Vous n'en savez rien. Alors demandez et vous recevrez ! Il faut *demander*, pas *réfléchir*.

> Les gens qui ont du succès **agissent.** Ceux qui aimeraient en avoir **réfléchissent.**

Que signifie la « réalité » ?

Chacun vit sa propre réalité. Vous regardez les événements de votre vie à travers une lentille qui varie selon les croyances que vous avez et les expériences que vous vivez.

Comme il n'y a pas deux êtres humains avec le même bagage d'expériences et de croyances, chaque vie est à la source d'un tout nouveau tableau. Bref, c'est exactement ça le but : peindre de **nouveaux** tableaux, pas faire du plagiat, des clones et des photocopies.

N'essayez donc pas d'être « réaliste » au sens courant. Efforcez-vous plutôt de définir la réalité qui vous plairait le plus, peu importe ce qu'en disent les autres.

Dans ma réalité, il m'est possible d'avoir tout ce que je veux, de jouer plutôt que de travailler, de n'avoir aucune responsabilité, en un mot, de simplement demander pour recevoir.

La réalité virtuelle à l'extrême

L'été dernier, à l'occasion de notre voyage en Floride, les enfants et moi avons participé à un nouveau type de jeux. Nous portions tous les quatre un gros casque étrange avec une sorte de lunette nous permettant de voir un monde virtuel mobile, selon les mouvements de notre tête.

Nous étions plongés en pleine guerre des étoiles avec sabre laser en main. L'objectif était d'abattre les monstres horrifiants qui apparaissaient dans notre champ de vision, à grands coups d'épée lumineuse (désolé pour la violence). Mieux encore, notre « costume » nous permettait de ressentir des vibrations et même certains petits chocs électriques lorsqu'une dégoulinante bête à deux têtes réussissait à nous atteindre d'une de ses attaques.

J'ai été totalement captivé par le jeu, au point de vouloir recommencer à la suite de l'échec de notre équipe, qui se fit déchiqueter à la toute fin par le grand chef des monstres verts.

Et si votre vie n'était, elle aussi, qu'une réalité virtuelle ? Si, au fond, votre corps ne faisait partie que d'un immense scénario vous permettant de goûter et de vivre autant d'expériences nouvelles que possible, dans un costume extrêmement sophistiqué comme le corps humain ?

Après la partie, je me dis que l'écart entre ce que nous vivons au quotidien dans le « costume d'humain » et les expériences goûtées grâce à ce costume de jeu virtuel n'est pas si grand que cela.

Fabuleuse machine

Tenez. En ce moment, pendant que vous lisez ces lignes, plus de cinq trillions de réactions chimiques se produisent dans votre corps. Chaque seconde ! Vous contrôlez cela ? Vous gérez le tout mentalement ?

Évidemment, vous ne contrôlez pas ces réactions. Et dire que tout se déroule dans l'harmonie, au moindre petit détail près, sans votre contribution rationnelle. Il y a forcément quelque chose qui gère tout cela.

N'allez surtout pas m'opposer la thèse du hasard. Si votre corps (et tout le merveilleux univers dans lequel il évolue) n'était que le fruit du hasard, il se décomposerait une fois sur deux tout d'un coup, sous vos yeux : blup, blup, blup.

Pas du tout ! Ça marche à tous les coups. Tout se produit dans le plus grand synchronisme, sans que vous contrôliez quoi que ce soit.

Admettez que vous avez là tout un costume. Voilà une preuve de plus pour vous convaincre que vous êtes en vacances et que vous n'avez qu'à demander pour recevoir.

Pas encore convaincu ? OK d'abord, on continue.

Le muscle Albert

Le succès est avant tout un état d'esprit, une façon de penser et d'aborder les situations de votre quotidien.

Prenez Albert, la personne la plus spéciale qu'il m'ait été donné de rencontrer. Albert a d'abord échoué sept années de suite son collège (ou cégep). Sept années !

Après sept ans, voyant qu'Albert commençait à prendre la même couleur que les murs de l'école, les professeurs lui ont proposé un test qui se composait de trois questions. S'il obtenait une seule bonne réponse, tous étaient d'accord pour lui accorder son diplôme et l'envoyer à l'université (en physique quantique).

La première question qu'ils ont posée à Albert : « Cher Albert, dis-nous combien de jours de la semaine commencent par la lettre D et nomme-les. »

Albert de répondre : « Facile : une seule. »

Les professeurs se frottaient les mains.

Albert poursuivant : « Demain ! » Décidément, ça n'allait pas être aussi facile de se débarrasser d'un élève aussi étrange.

Deuxième question : « Albert, calcule le nombre de secondes dans une année. Tu as trois heures pour le faire et tu peux utiliser calculatrice, ordinateur portable, tout ce que tu veux. »

Albert ne bouge pas et dit : « J'ai la réponse. »

Les professeurs s'exclament : « Tu as trouvé la réponse comme ça, d'un seul coup ? »

Albert rétorque : « C'est évident, il y en a 12 ! »

« Comment ? Il n'y a que 12 secondes dans une année ? »

« Mais bien sûr : seconde journée de janvier, seconde journée de février, seconde journée de mars, et ainsi de suite jusqu'à décembre. »

Non mais ! « Albert, voici ta dernière chance. Dis-nous combien il y a de T dans Toute la pluie tombe sur moi. Tu as bien compris ? »

Albert prend la calculatrice, les crayons, l'ordinateur et se met à calculer. Il calcule et recalcule puis, une heure plus tard, revient en disant, tout essoufflé : « Ça y est, j'ai trouvé. Il y en a 167. »

« Quoi ? Tu as trouvé 167 T dans Toute la pluie tombe sur moi ? »

Albert entonna fièrement l'air de la chanson en question : « Té, té, té, té, té, té, té, té, té, té… »

Albert ne passa pas son diplôme d'études collégiales. Il devint par contre l'une des personnes les plus spectaculaires que je connaisse, avec les plus hauts degrés de réussite, tant en finance qu'en amour.

Que fait Albert? Il ne pense tout simplement pas comme tout le monde. Là où vous voyez un obstacle, Albert voit un atout. Là où vous voyez une difficulté, Albert voit un avantage.

Tout se passe sur le plan des croyances. Vous avez en vous le muscle Albert. Il est peut être atrophié mais il est là. Entraînez-le!

3 interdictions

Lorsque je donne des conférences sur les lois du succès, je ne commence jamais sans interdire formellement trois éléments pour toute la durée du show.

Je vous interdis donc les mêmes trois choses (ne riez pas, je vous surveille vous savez).

1. Il est strictement interdit de penser : « Ouais, intéressant, sauf que ça fait 30 ans que je pense d'une autre façon. Il ne faut pas me demander d'essayer de penser différemment. »

2. Il est strictement interdit de penser : « Bon, ce que je viens de lire est intéressant, sauf que ça ne s'applique pas vraiment à moi. Moi, j'ai des contraintes que les autres n'ont pas. Mon cas est particulier. » Votre cas n'est pas particulier du tout : ce que vous lirez dans ce livre s'applique à votre réalité, garanti!

3. Finalement, il est strictement interdit de penser : « Oui, mais... »

Branchez-vous. C'est oui ou c'est non, il n'y a pas de « mais ».

Avons-nous un *deal*?

LES ÉTATS D'ESPRIT

Depuis la première page de ce livre, je vous montre un chemin au bout duquel vous trouverez la fameuse pierre philosophale des alchimistes, qui permet de transmuter le plomb en or. Un raccourci qui transformera votre vie apparemment normale en vie palpitante.

> Le secret pour y arriver? Développer des croyances **utiles** et faire «à l'univers» des demandes dignes d'une vie vraiment trépidante.

Le raccourci que je vous ai proposé ne constitue qu'une option parmi d'autres. Mais comme je sais que vous préférez les choses plus compliquées – ça vous conforte dans l'impression que vous avez de « travailler fort » – nous allons passer à un procédé plus complet et plus rigoureux.

Comme nous avons la rude tâche d'amener votre précieux « cerveau rationnel » à accepter qu'il n'est pas l'acteur principal de votre vie, nous allons suivre une démarche très structurée en vue de faire le tour de la question.

Nous verrons les quatre états d'esprit qui mènent au succès, les cinq principaux ennemis à affronter, et les trois meilleurs alliés de celui qui se lance dans l'excitante quête du paradis terrestre.

Par la suite, nous passerons à l'action. Les concepts, c'est bien beau, mais sans action, ça ne sert pas à grand-chose. Le spirituel inclut le matériel ; pas question de limiter le paradis à quelque chose d'étranger à l'endroit où vous êtes. Dieu, s'il existe, est partout.

Nous passerons donc à l'action en fabriquant de toute pièce votre vie idéale par un processus appelé **l'étoile des rêves.**

Finalement, nous embrayerons en grande vitesse avec une revue générale des sept grandes lois du Tao des affaires et des six premiers « amplificateurs » de ces lois.

Pour la finale, ayant atteint notre vitesse de pointe, nous soulèverons quelques questions pratiques concernant l'intégration du divin et de la magie dans votre vie, toujours selon une philosophie expérimentale et scientifique.

> Mon but : faire de vous un meilleur dieu, une meilleure déesse, rien de moins.
>
> Tant qu'à demander, demandez gros ! Après tout, si nous sommes faits « à l'image de Dieu », aussi bien l'affirmer haut et fort et s'en servir…

État d'esprit n° 1 : Tester, tester, tester

Si vous désirez vraiment une vie palpitante, marquée par l'aventure et la réussite, vous devrez nécessairement adopter une **approche scientifique.** La science n'exclut pas la foi ; au contraire, elle lui sert de condition préalable. Le plus grand obstacle à la foi, c'est la résistance de votre intellect à un concept ou à un phénomène qui, d'emblée, ne semble pas rationnel.

Votre foi serait naturellement d'accord avec la proposition que je vous fais de « demander pour recevoir » si votre intellect ne se mettait pas à tout rationaliser et à penser que presque personne ne mène dans les faits une vie de rêve. Vous repoussez donc l'invitation en la qualifiant bêtement de symbolique.

Aristote a poussé à l'extrême l'utilisation quasi exclusive de la logique et du rationnel au détriment de la foi et de l'expérience. Mettant à l'épreuve sa loi sur la vitesse de chute des corps en utilisant de vrais boulets de poids différents, Galilée a démontré toute l'importance d'une approche basée **sur de vraies expériences.**

Votre défi sera donc de tout remettre en question jusqu'à ce que vous ayez expérimenté chacune des croyances, règles et hypothèses qui constituent votre bagage mental.

Autrement dit, vous devez **tester.**

Si quelqu'un vous dit que vous pouvez augmenter votre énergie au travail en enlevant vos souliers, il ne faut pas vous mettre à raisonner, à émettre une opinion ou à critiquer le principe. Votre seule réponse doit être : « Étrange comme idée. J'ai des doutes mais **je vais essayer.** Je vais voir si ça fonctionne pour moi. »

> Dès aujourd'hui, il faut devenir un ou une sceptique ouvert. Vous devez désormais vous dire : je vais essayer moi-même et voir si ça fonctionne pour moi.

Testez vos idées, testez vos principes, testez vos règles.

Testez la croyance selon laquelle il faut toujours manger à la même heure.

Testez ce qui se passe lorsque vous éliminez le mot « non » de votre langage et de la vie de vos enfants.

Testez ce qui se passe lorsque vous suivez votre instinct pendant 24 heures, sans aucun raisonnement.

Testez ce qui se passe lorsque vous n'avez plus d'opinions pendant sept jours consécutifs.

Testez, testez, testez.

Ne jugez pas, n'analysez pas, ne réfléchissez pas, ma foi, essayez !

La durée d'une minute est relative

Une question pour vous : connaissez-vous le *bungee* ? Vous savez, ce sport un peu extrême où l'on saute dans le vide, les pieds attachés à une immense corde extensible ?

Alors, vous connaissez ? « Mais oui, je connais », dites-vous.

Attention au piège d'Aristote : si vous n'avez jamais **fait** de saut vous-même, vous ne **connaissez** pas vraiment le *bungee*. Vous connaissez le concept, pas la réalité.

Mémorisez la règle suivante.

> J'entends, j'oublie.
>
> Je vois, je me souviens.
>
> Je fais, je comprends.
>
> J'entends, j'oublie.
>
> Je vois, je me souviens.
>
> Je fais, je comprends.
>
> J'entends, j'oublie.
>
> Je vois, je me souviens.
>
> Je fais, je comprends.

La seule et unique façon de connaître quelque chose, c'est de le faire, de le goûter, de l'expérimenter soi-même !

Alors dites-moi : en adoptant ce point de vue, combien de principes de vie avez-vous acceptés sans les avoir au préalable mis à l'épreuve ? Acceptez-vous n'importe quoi simplement parce que la télévision, les parents, les amis ou les banquiers l'acceptent ?

Par exemple, imaginez que vous souhaitez démarrer votre propre entreprise. Vous pensez que les premières étapes à suivre sont de préparer un plan d'affaires, de mettre au point un beau logo d'entreprise et de concevoir une belle brochure corporative.

Mais avez-vous songé à une autre approche ? Saviez-vous que les gens d'affaires qui réussissent le mieux n'ont pas procédé de la sorte ?

Autre exemple. Vous pensez probablement qu'avant d'acheter quelque chose, il faut mettre de l'argent de côté. Pourtant, suivant une loi naturelle, appelée la **Loi de l'action-réaction** et démontrée scientifiquement plus l'eau sort d'un tuyau, plus elle aspire de l'eau à l'embouchure du même tuyau ; c'est le principe du siphon.

Il en va de même pour l'argent : plus il en sort, plus il en entre. Tenez-vous-le pour dit !

Plus vous le bloquez, plus vous le limitez, plus vous le conservez, plus vous bouchez le tuyau. Tout cela part d'un principe bien évident : comment voulez-vous avoir de l'argent **devant** vous si vous le mettez **de côté ?**

Mais attention, il faut accepter *toute* l'équation. Il faut aussi développer **la croyance** en la puissance de l'action-réaction. Par exemple, si vous vous mettez à dépenser sans hésitation en utilisant le principe de l'action-réaction comme excuse sans toutefois y croire profondément, **vous risquez d'empirer votre situation.**

Chaque fois que vous dépenserez de l'argent, votre cerveau vous dira : « Ah, ah ! tu dépenses encore des sous que tu n'as pas, tes dettes vont augmenter, ton banquier n'aimera pas ça, tu vas finir par tout perdre, tu vas devenir un itinérant, etc. » En dépensant, vous émettrez des pensées négatives qui se traduiront bientôt en expériences économiques déplaisantes, **parce que vous l'aurez demandé.** Vous l'aurez demandé, simplement en pensant à la situation difficile dans laquelle vous vous placeriez en effectuant ces nouvelles dépenses.

Pour que la Loi de l'action-réaction fonctionne à votre avantage, vous devez effectuer vos achats en étant convaincu que l'univers vous donnera l'occasion de générer les nouveaux revenus requis pour couvrir les dépenses en question. Évidemment, ne vous achetez pas tout de suite une maison de 400 000 $. Pour réussir, il faut un peu d'entraînement. Commencez par de petits achats.

Maintenant, puisque la foi se bâtit à coups d'exemples réels, je vous propose tout de suite un test.

Imaginons que vous désiriez acheter une nouvelle voiture, mais que celle-ci coûte 300 $ de plus que ce que vous permet votre budget mensuel actuel. Je vous encourage à acheter la voiture quand même. Allez, filez immédiatement chez le concessionnaire, achetez la bagnole et surveillez attentivement ce qui se passera dans les 48 heures suivant votre achat.

Vous m'avez bien compris : je vous ai dit d'acheter la nouvelle voiture **avant** de savoir comment vous ferez pour faire face au premier paiement.

Comme le principe de l'action-réaction fonctionne à tous les niveaux, la « réaction » à l'« action » d'acheter la voiture devrait être **simultanée.**

Une nouvelle opportunité se présentera nécessairement à vous pour générer les revenus qui vous permettront de couvrir cette nouvelle dépense. Quand cette occasion se présentera, vous ne devrez pas la rejeter, l'analyser, peser le pour et le contre. Il faudra simplement **la saisir au passage.** Cette possibilité apparaîtra par magie en réaction à l'action que constitue l'achat de l'automobile.

Je sais, c'est difficile à croire – toujours les fameuses croyances... Mais je vous le jure, il y a une différence énorme entre vivre à crédit et vivre en utilisant les principes scientifiques de l'action-réaction.

Si vous vivez à crédit, vous dépensez en augmentant votre niveau de stress, en vous inquiétant de ce qui va vous arriver, et surtout en négligeant de saisir les possibilités qui se présentent à vous.

Si vous vivez selon le principe du siphon et de l'action-réaction, vous faites votre achat et, simultanément, vous saisissez l'opportunité qui doit **obligatoirement** apparaître dans votre vie pour équilibrer votre geste. C'est une loi de l'univers. Vous n'avez pas à y penser ou à l'analyser, il faut simplement **l'utiliser.**

Lorsque vous laissez tomber un objet au sol, vous n'analysez pas ce qui va se passer. Vous savez que la loi de la gravité existe et que l'objet ira vers le sol. Il en va de même pour toutes les lois mentionnées dans ce livre. Vous ne devez pas perdre de temps à les analyser. Vous devez les utiliser, un point c'est tout.

Vous savez, la durée d'une minute est bel et bien relative. Tout dépend de quel côté de la porte de la salle de bain vous vous trouvez.

➡ *Le test de l'index en rotation*
Vous n'êtes peut-être pas d'accord avec le fait que plus vous dépenserez votre argent, au lieu de le protéger, plus vous aurez d'occasions de faire encore plus d'argent. Sauf que votre opinion n'a aucune valeur. D'ailleurs, la mienne non plus.

Chaque opinion est en fait un simple **point de vue.** Vous avez bien sûr le droit, tout à fait légitime, de conserver votre point de vue s'il vous est profitable. Il n'en demeure pas moins que votre point de vue ne représente qu'une façon de voir les choses ; et des façons de voir les choses, il en existe plusieurs autres.

Ce n'est surtout pas parce que la majorité des gens ont un certain point de vue que celui-ci constitue une vérité absolue. Rappelez-vous Aristote.

Une expérience : levez votre bras droit au-dessus de votre tête et pointez l'index droit vers le ciel. Maintenant, tracez avec l'index des cercles en sens horaire.

C'est ça, dans le sens des aiguilles d'une montre. Vous êtes sûr là, vous tournez bien en sens horaire? Vous en êtes tout à fait convaincu?

Très bien, nous allons vérifier. En continuant le mouvement sans l'interrompre, baissez votre index au niveau de votre nombril et regardez le sens de la rotation. Tournez-vous encore en sens horaire? Ah! vous êtes maintenant anti-horaire? Bizarre, hein, vous aviez l'air si convaincu! Comment se fait-il que la rotation soit maintenant anti-horaire alors que vous n'avez jamais cessé votre mouvement?

Tout simplement parce que votre **point de vue** a changé!

Vous regardez le cercle que trace votre doigt par en haut lorsque votre index est au niveau du nombril et par en bas lorsqu'il est au-dessus de votre tête.

Maintenant dites-moi : combien y a-t-il de réalités dans cet exercice? Deux? Non. Il n'y a qu'une seule réalité absolue, c'est-à-dire un seul mouvement. Par contre, il y a une infinité de réalités relatives.

Une personne qui aurait observé votre index en se plaçant 10 mètres devant vous n'aurait vu ni une rotation horaire ni une rotation anti-horaire. Elle aurait vu un mouvement gauche-droite, droite-gauche. Vous comprenez? Ne raisonnez pas, essayez-le!

> Une seule réalité absolue, une infinité de réalités relatives.

Dès que vous acceptez que nous vivons dans une réalité relative (comme Einstein l'a si bien expliqué), vous devez accepter le fait que votre point de vue a la même valeur que tous les autres points de vue et qu'il est absolument inutile d'argumenter.

Finis les débats, finies les engueulades, finies les opinions. Seulement **un partage de points de vue.**

Voici justement une autre grande règle à assimiler : tout le monde a toujours raison.

Vous trouvez que la vie est difficile ? Vous avez raison.

Vous trouvez que la vie est facile ? Vous avez raison.

Vous trouvez que tout ce que je vous dis est ridicule ? Vous avez encore raison.

Vous voyez, vous aurez toujours raison, suivant votre point de vue.

Vous trouvez la maison en désordre alors que votre partenaire la trouve propre ? Vous avez tous les deux raison. À quoi bon vous disputer ? Vous considérez la situation à travers vos propres lentilles de vie, fabriquées à partir de vos expériences et de vos croyances.

Si vous trouvez que la maison n'est pas assez propre, faites quelque chose pour améliorer ce que vous percevez et laissez les autres tranquilles !

Essayez pour voir. Essayez de cesser d'attendre quoi que ce soit des autres. Essayez de faire les gestes *vous-même*, selon *votre* point de vue, en permettant aux autres d'adopter le point de vue qui leur plaît. Vous serez impressionné par les résultats.

Bref, dès aujourd'hui, apprenez à dire : « Vous avez raison. »

Si votre point de vue est différent, *so what* ? Vous le gardez ou vous le changez selon le **résultat** auquel il conduit, c'est tout.

Vous n'aimez pas l'influence qu'un point de vue a sur votre existence ? Vous le changez. Hop, à la poubelle ! Puis, vous passez au point de vue suivant. Si les autres vous accusent de changer d'idée comme vous changez de chemise, dites-leur qu'ils ont raison, que vous préférez les chemises archi-propres, et continuez votre chemin. Une opinion maintenue inutilement **ne vaut strictement rien.**

Imaginez un peu le visage de votre blonde ou de votre chum lorsque vous lui direz : « Chéri(e), je viens d'apprendre que mon opinion ne vaut rien ! » La réponse ne se fera pas attendre : « Pfft, t'avais pas besoin de lire un livre pour apprendre ça : je n'arrête pas de te le répéter depuis cinq ans ! »

La dualité et les couples d'opposés
Chaque expérience goûtée sur Terre se produit sur un axe de couples d'opposés. Vous percevez le chaud parce que le froid existe. Vous percevez le haut parce qu'il y a un bas, vous percevez la lumière parce qu'il y a de l'ombre.

Tout est bipolaire sur Terre. Enfin, presque tout. Disons que tout ce que vos sens perçoivent possède deux pôles.

Imaginez un instant que le concept d'ombre n'existe pas. Comment feriez-vous pour saisir le concept de lumière ? Comme la lumière n'aurait pas d'opposé, vous ne seriez pas conscient de sa présence. Vous ne vous rendriez jamais compte que vous vivez dans un environnement de lumière. Le concept de lumière ne ferait jamais son chemin jusque dans votre esprit.

S'il existe des éléments unipolaires sur Terre, nous ne pouvons pas les percevoir, du moins pas à l'aide de nos sens. Tenter de les expliquer serait aussi difficile que d'essayer de faire comprendre à un poisson ce que c'est que l'eau.

➡ *Le bien et le mal*

Homme-femme, gauche-droite, chaud-froid. Des paires d'opposés.

« Mais alors, pour percevoir le bien, il nous faut le mal ? » Exactement !

> **Nous ne serions pas libres de percevoir le bien si le mal n'existait pas.**

Dieu a créé l'univers (admettez le concept pour l'instant, nous en reparlerons plus loin) et nous a laissés libres de connaître le bien. Forcément, il a permis le mal, sinon il aurait imposé le bien. Le bien n'a de valeur et ne procure du plaisir que dans la mesure où le mal est présent.

Vouloir éliminer le mal revient à vouloir éliminer la perception du bien. Vous pouvez tout de suite faire une croix sur l'aventure et le succès si vous passez votre temps à chercher à éliminer le mal. Le mal est une composante essentielle de l'aventure.

> **Dans le jardin d'Éden, il y a les ronces et les roses, le mal et le bien. Les deux sont nécessaires à la structure du paradis terrestre. Faites votre choix !**

Vous n'êtes pas obligé de passer votre journée sur les ronces. Concentrez-vous sur les roses !

Expérimentez à partir de ce principe de couples d'opposés. Il vous sera fort utile. Pensez aussi à toute l'énergie que vous gaspillez en vous en faisant pour tout le « mal » qu'il y a sur la planète. Vous mettez tout cela sur vos épaules. À quoi bon ? Êtes-vous plus heureux ou plus efficace parce que vous vous préoccupez de tout ce que vous entendez aux bulletins de nouvelles?

Dans cet univers de relativité, il y a malgré tout certains indices de l'existence du monde absolu. Par exemple, la vitesse de la lumière est, dans notre univers, un absolu qui ne semble jamais changer, peu importe où l'on se place pour l'observer – même vitesse, que l'on soit au repos ou en mouvement.

Il y a un autre absolu : le bonheur. Le bonheur est un absolu. En effet, le vrai bonheur n'a pas de début ni de fin. Il est permanent, toujours égal, toujours complet.

Comment pourrait-il avoir un opposé? Si le bonheur a un opposé, c'est qu'il est possible qu'il ne soit pas. S'il est possible qu'il ne soit pas, on ne parle plus de bonheur mais de **plaisir.**

Le couple d'opposés qui peut faire l'objet d'un livre sur le succès, au paradis terrestre, c'est le couple plaisir-douleur ou plaisir-malheur. Le bonheur, le *vrai* bonheur, se situe au-delà des oppositions.

Pour le moment, allons-y à fond de train dans la découverte des lois du succès et tentons de maximiser votre «plaisir de vivre» et de minimiser vos moments de « malheur-douleur ».

Cela dit, vous devez savoir que, sur Terre, **on ne peut éliminer la douleur.** Sur Terre, si vous choisissez d'avoir une maison, vous aurez la «douleur» de devoir vous en occuper, de tondre la pelouse et d'arroser les fleurs. Vous choisissez d'avoir un enfant? Vous aurez la douleur de savoir qu'un jour, il va mourir.

Plaisir-douleur. Un couple incontournable au paradis terrestre.

Par contre, il n'y a pas de limites au *degré* de plaisir auquel vous pouvez goûter. Ah ! mais je vous entends déjà… Vous croyez que le mot « plaisir » rime avec le mot « enfer », n'est-ce pas ? N'avez-vous pas un sentiment de culpabilité qui vous ronge de l'intérieur lorsque vous avez trop de *fun* ? N'avez-vous pas l'impression d'être injuste lorsque vous travaillez moins que les autres et semblez gagner plus d'argent ?

Vous devrez vous déprogrammer. Le plaisir de vivre est *la* raison pour laquelle vous êtes sur Terre. C'est aussi une piste merveilleuse pour amorcer le voyage vers l'état absolu du bonheur. Mais ça, c'est une autre histoire.

Pour l'instant, c'est l'heure du piquant et de l'expérimentation !

État d'esprit nº 2 : un bon pif

Selon vous : les gens qui connaissent le plus de succès sont-ils rationnels ou intuitifs ? Autrement dit, est-ce qu'ils prennent des décisions en recourant principalement à des analyses ou en se servant plutôt de leur instinct ?

Si vous êtes comme la plupart des gens, vous avez répondu qu'ils sont avant tout **intuitifs.**

Très bien.

Maintenant, combien d'heures par semaine passez-vous à développer votre intuition ? (Non monsieur, l'intuition n'est pas une compétence féminine.)

Combien d'heures passez-vous à exercer, à muscler et à développer ce qu'on appelle l'instinct ? Zéro ? !

Pourtant, vous passez des dizaines et des dizaines d'heures à développer vos connaissances rationnelles : des cours pour acquérir une meilleure connaissance de certains logiciels, des cours d'anglais, des programmes de formation de gestion, des cours de gestion du temps, des camps de marketing révolutionnaire et je ne sais trop quoi encore.

Vous êtes totalement incohérent !

> Si vous voulez obtenir du succès et que vous savez que les gens qui réussissent le mieux utilisent d'abord leur instinct, vous devrez d'abord développer votre instinct.

Le même problème se présente du côté scolaire. Les écoles, pour la plupart, sont entièrement tournées vers le développement de la raison et de l'intellect. Pas étonnant que parmi ceux et celles qui ont les plus belles vies, rares sont les personnes qui ont toléré le système scolaire jusqu'au bout.

Vous avez, comme moi, un baccalauréat ? Tant pis, vous devrez aussi vous battre contre cela ! Quand j'y pense, je suis presque heureux lorsque mes enfants me demandent s'ils peuvent rater l'école une journée.

Si, un jour, une école enseigne d'abord le développement de l'intuition, de l'instinct et de la créativité, et laisse de côté les bulletins, les notes et la compétition, je serai le premier à m'y inscrire avec mes enfants ! D'ici là, l'école est loin d'être une priorité pour moi et les miens.

Je sais, je sais, je ne suis pas « réaliste »…

Renvoyé pour manque de créativité

Vous connaissez sans doute Walt Disney. Ce que vous ne savez peut-être pas c'est qu'avant de bâtir son merveilleux monde, il était journaliste. Même qu'il a été congédié pour manque de créativité !

S'il a manqué de créativité, je connais un patron qui a manqué de flair.

Lorsque Disney a laissé libre cours à sa créativité, sans se soucier de l'argent, tout est devenu possible. Il l'a dit lui-même : « Si j'avais écouté mes banquiers au lieu de mon instinct, je n'aurais jamais réussi quoi que ce soit. »

J'admets toutefois qu'il est peut-être plus facile d'avoir un bon pif lorsqu'on s'appelle Disney. Dix-nez. (OK, OK, je ne suis qu'un physicien, pas un humoriste.)

État d'esprit n° 3 : un âge mental de quatre ans

Si je vous demande de me montrer les personnes qui ont le plus de plaisir sur Terre, vous m'indiquerez fort probablement les enfants. Plus particulièrement les jeunes enfants.

Si vous avez déjà pris un bébé dans vos bras, vous savez à quel point ces petits êtres dégagent un sentiment d'indescriptible béatitude. On voudrait les avaler tout rond.

Ce qu'ils dégagent, c'est une innocence, une fréquence non teintée de doutes, d'inquiétudes, de stress et de remords.

Ils n'ont ni passé ni mémoire. Ils n'ont que leur lien avec le présent.

Si vous voulez vraiment une vie de magie, vous devrez retrouver l'âge mental d'un enfant de quatre ans. Vous devrez faire revivre en vous cette spontanéité, cette joie du moment présent, sans vous préoccuper de ce que vos voisins vont penser.

N'est-ce pas Jésus qui disait : « Laissez venir à moi les petits enfants car le Royaume de cieux est à eux » ? Remarquez qu'il a dit « est » et non « sera. » Le Royaume des cieux est accessible ici, sur Terre. Mais il n'est ouvert qu'à ceux qui sont comme des enfants, ou plutôt, qui ont les mêmes pensées qu'un enfant.

Vous connaissez beaucoup d'enfants de quatre ans qui font des provisions pour le lendemain, qui cotisent à un REER ou à un fonds de pension ?

Votre fillette vous a-t-elle déjà dit : « Papa, je ne sais pas ce que j'ai. J'ai tellement de remords d'avoir renversé mon verre de lait hier au restaurant. Je ne pourrai plus jamais me sentir bien de toute ma vie. J'ai vraiment besoin de consulter un psy. »

Et vous avez déjà vu le petit Roger en train de remplir son agenda et consulter sa liste « To do » de la journée ?

Spontanément, les enfants vivent la seule chose qui puisse être vécue : **le présent.** Le passé et le futur n'ont aucun sens pour eux, jusqu'à ce que nous, les adultes intelligents, nous leur transmettions ces stupidités.

Stupidités comme : « Va te coucher, il y a de l'école demain.

– Oui, mais papa, je ne suis pas fatigué.

– Aucune importance, va te coucher.

– Pourquoi ?

– Parce que… c'est mieux pour toi. »

C'est ça. Montrons-leur à dormir plus qu'il est nécessaire lorsqu'ils sont jeunes, et lorsqu'ils auront 30, 40 ou 50 ans, ils essaieront comme nous d'apprendre à réduire leurs heures de sommeil. Bonjour la cohérence !

Que pensez-vous qu'il se produit dans l'esprit d'un enfant à qui on dit de ne pas écouter ce que son corps ressent mais de se fier à l'autorité injustifiée des parents ?

Il apprend à vivre dans un monde de concepts au lieu de vivre dans le monde réel. Il apprend, comme vous, à passer ses journées à regretter le passé ou à planifier l'avenir. Il apprend des concepts comme *hier* et *demain*.

Cela dit, les enfants ont heureusement encore le don de nous déculotter en moins de deux. L'autre jour, ma fille me demandait comme ça, tout bonnement : « Papa, pourquoi c'est à moi de me coucher quand maman est fatiguée ? »

Euhhhhhh. Parce que.

Qui doit éduquer qui ?
J'ai d'autres questions pour vous. C'est plus fort que moi, ce livre s'intitule *Demandez et vous recevrez* et des demandes, ça adonne que j'en ai plusieurs.

L'évolution sur Terre va-t-elle vers l'avant ou vers l'arrière ? Vous répondez vers l'avant (ou le futur) ? Excellent. Par conséquent, qui devrait éduquer qui ?

Si l'évolution progresse vers l'avant, les enfants sont donc plus évolués que les parents et les grands-parents.

C'est le moment d'être logique et rationnel : **c'est donc aux enfants à nous éduquer,** pas l'inverse ! Mes enfants sont mes plus précieux professeurs, mes plus sérieux gourous. Om Charlie, Timmy et Jaimee.

> La folie est héréditaire : nous la recevons de nos enfants.

Ils m'ont appris à me détacher de mes problèmes, à me libérer de mes complexes et à me concentrer sur le rire et le jeu.

Un soir que je discutais avec Jessy, ma valeureuse et combien tolérante femme, je me laissai emporter une nouvelle fois en songeant à un retard dans un projet auquel je travaillais.

Près de nous, nos trois enfants (Charlie, neuf ans, Timmy, cinq ans, et Jaimee, huit mois) nous observaient en riant de bon cœur. Timmy venait de découvrir qu'en se laissant tomber sur un « pet » (ce drôle de petit sac qui fait le bruit d'une flatulence lorsqu'on l'écrase), il déclenchait un fou rire incontrôlable chez le bébé.

La discussion devenait de plus en plus corsée et le rire des enfants, de plus en plus fou. Mes yeux croisèrent ceux de ma femme. Je me frappai le front de la main en disant : « Une fois de plus, les enfants nous ramènent au moment présent. »

Nous avons sauté par terre et nous sommes joints à la fête. Ce fut une soirée mémorable de flatulences incontrôlées !

Le lendemain, je reçus un coup de téléphone. Le problème qui m'avait tellement préoccupé la veille s'était réglé de lui-même pendant la nuit. J'ai dit merci aux enfants… et au sac à pets !

Le jeu avant tout, même avant l'apprentissage

Je ne veux pas m'étendre trop longuement sur le sujet des enfants, mais comme ils symbolisent à mon avis la porte du paradis, j'ai d'autres constatations pour vous.

La plupart des enfants ont besoin de bouger pour être bien. Or, dans la plupart des écoles, les jeunes demeurent assis toute la journée pour apprendre. Automatiquement, ils tirent d'eux-mêmes la conclusion qu'apprendre, c'est plate.

Un enfant doit d'abord pouvoir **jouer.** Jouer, jouer, jouer et encore jouer. Tôt ou tard, il développera un goût naturel pour quelque chose. De lui-même, il apprendra ce qui sera alors nécessaire à la réalisation de son rôle sur Terre. Mais pas avant d'avoir comblé son besoin de jouer.

L'univers est infiniment intelligent. Chaque forme de vie a un rôle précis à remplir. Laissé à lui-même, l'enfant trouverait son rôle très rapidement. Lui imposer les règles limitées des adultes, c'est le rentrer de force dans un moule. Le groupe Pink Floyd et sa chanson *The Wall* l'ont bien illustré.

Contrairement à une tonne et demie de parents, je serais bien inquiet si mes enfants n'avaient pas une salle de jeux et des chambres en désordre. Seuls ceux et celles qui ont des problèmes avec l'ordre et la discipline se sentent obligés d'imposer des contraintes d'ordre et de discipline à leurs enfants.

À ce propos, laissez-moi vous proposer une autre expérience.

Pour deux semaines complètes, permettez à vos enfants de faire ce qu'ils veulent. Retenez vos impulsions patronales et permettez-leur de faire ce dont ils ont envie. « Tu veux aller dehors toute nue ? Vas-y ma fille. Si c'est si plaisant, j'irai aussi ! »

Si vous ne leur enseignez pas la liberté, où apprendront-ils la prise de décision et la confiance en soi ? Dans un séminaire de gestion, à 45 ans ?

Si vous leur permettez de vivre libres, vous cesserez aussi **de les utiliser comme serviteurs.** Lorsque vous voulez un verre d'eau ou une bouteille de bière, levez-vous et allez donc la chercher vous-même. Ce n'est pas parce que vous les avez mis au monde (et entre vous et moi, vous n'avez pas fourni volontairement une grande contribution dans tout le processus) qu'ils sont obligés de vous servir.

Ils sont très conscients du mérite et du risque que vous avez pris en les acceptant dans votre vie. Ils vous le rendront d'eux-mêmes.

Pour le reste, efforcez-vous de maîtriser les lois du succès pour vous-mêmes et donnez-leur la place dont ils ont besoin pour trouver leur propre rôle. En vous voyant vivre et réussir, ils auront tôt fait d'imiter vos pratiques.

2 bourreaux mentaux : la mémoire et le temps
La vie, toute la vie, se déroule dans le moment présent.

La mémoire du passé est si lourde que vous détruisez continuellement l'instant à vivre qui, lui, ne reviendra pas.

Écoutez, vous allez mourir, d'accord ? À quoi bon vous énerver ? Quelle est la pire chose qui pourrait vous arriver ? Mourir ?

Ben voilà, c'est fait. Vous êtes certain que la pire chose qui pourrait vous arriver va arriver. **Vous allez mourir !** Acceptez-le une fois pour toutes et mettez le stress à la poubelle. Le fameux « pire scénario » s'en vient de toute façon.

Prenez tout votre passé et lancez-le par-dessus bord. Il n'existe pas. Il n'existe plus. Vous avez une page blanche devant vous. Blanche, sauf si vous la tachez avec l'encre noire du passé.

Votre passé n'a aucune existence sauf dans votre esprit.

Savez-vous combien de temps il vous faut pour avoir tout ce que vous voulez dans la vie ? Pour avoir du succès, avoir un *fun* incroyable au paradis terrestre ?

Une seconde ! Vous claquez des doigts et vous y êtes.

Tout se passe dans votre tête. Vous pouvez devenir millionnaire en une seule seconde. Acceptez-le, c'est tout. Clac, c'est fait ! Bravo, bienvenue dans le club des millionnaires !

Alors, comment vous sentez-vous ?

***

Ah, si seulement c'était vrai… (OK d'abord, on continue.)

Comme nous devons bâtir votre foi et que votre intellect a encore besoin de preuves, je vous propose une autre expérience. Nous l'avons déjà dit : les arguments sont inutiles, seules les expériences comptent.

Pour le mois prochain, vous brûlez votre agenda et vous ne portez pas de montre, d'accord ? Vous aimez les montres ? Enlevez la pile.

Oubliez complètement la notion même de temps et, comme un enfant de quatre ans, **soyez ici et maintenant.**

« Oui, mais Pierre, mon travail… » Tssk, tssk, pas de « oui, mais ». N'avons-nous pas un *deal* ?

Débrouillez-vous. Vous voulez la belle vie, oui ou non ? Alors, dès aujourd'hui, le futur n'existe pas, pas plus que le passé. Le futur se choisit dans le présent en fonction des pensées que vous choisissez d'avoir en ce moment même.

En ayant un horaire et un agenda, vous forcez le futur à respecter un certain itinéraire. Mais comment pouvez-vous savoir quel sera le meilleur chemin pour vous rendre du point A au point B ? Il vous faudrait être devin et vous n'êtes pas un devin.

La seule chose à faire, c'est de bien choisir ce point « B » et de rester concentré sur ce qui se passe dans le présent, les sens bien allumés et la conscience bien active.

Vivre en vous appuyant sur le passé reviendrait à conduire une voiture uniquement en regardant dans le rétroviseur. En « conduisant » votre vie les yeux dans le rétroviseur (le passé) ou les yeux sur une carte routière (le futur), vous finirez au même endroit que la voiture : dans le champ des regrets !

État d'esprit n° 4 : un mental téflon

Après le test, l'intuition, l'âge mental de quatre ans, nous voici au dernier des quatre états d'esprit préalables au succès : un mental à l'épreuve de tout.

Si 99,1 % des gens meurent malheureux, c'est que la recette populaire de la vie doit être douteuse. Et si vous prenez un autre chemin
que celui de la masse, il faut vous attendre à vous faire critiquer ou
à être adulé.

Ce sera tout l'un ou tout l'autre. Pour certains, vous serez devenu fou,
pour d'autres, vous serez devenu une idole. Dieu ou diable, il n'y
aura pas de milieu.

> Vous devez avoir autour de vous une
> couche protectrice pour demeurer tout à
> fait indifférent aux critiques et aux compli-
> ments.

Si vous avez besoin des compliments, vous dépendrez des autres. Si
vous êtes sensible à la critique, vous n'aurez pas assez de couilles
(oups ! pardon mesdames, pas assez *d'ovaires*) pour avancer.

Donc, vous devez vous foutre éperdument de l'opinion des autres.

C'est direct, mais c'est tout à fait exact. Parlez-en aux vedettes de
cinéma, à Céline Dion ou à Donald Trump.

Se ficher de l'opinion des autres ne veut pas dire abuser ou piétiner
leur liberté. Ça ne veut pas dire non plus « ne pas se préoccuper du
bien-être d'autrui ».

Ça veut tout simplement dire : « Ne vous préoccupez pas de leur
opinion sur **votre** façon de vivre. »

Le test de l'ascenseur

Vous voulez savoir si votre mental devient téflon?

Voici le test à passer:

La prochaine fois que vous prenez l'ascenseur, au lieu de faire comme tout le monde, c'est-à-dire d'entrer, de vous tourner et de vous mettre à regarder les chiffres, entrez mais ne vous tournez pas. Gardez le dos contre les portes coulissantes et regardez les autres personnes droit dans les yeux en arborant le plus grand des sourires. Vous verrez, elles vont toutes baisser les yeux et regarder leurs souliers!

Vous aurez à ce moment réussi le test. Mais oserez-vous le faire? Si vous aviez quatre ans d'âge mental, vous n'hésiteriez pas une seconde.

Je vous préviens: si ce simple petit exercice vous donne des palpitations, imaginez un peu ce que vous aurez à endurer lorsque vous direz à tous que vous ne vivez plus que dans le présent; que vous avez décidé de demander pour recevoir; que vous ne mettez plus d'argent de côté; que vous utilisez la Loi de l'action-réaction et que vous ne faites plus aucun plan; que ce sont vos enfants qui font votre éducation dans votre maison; que vous n'avez plus de REER, d'assurances et de fonds de pension; et que vous pratiquez la méditation pour vous brancher sur le cerveau collectif universel?

Vu de cette façon, le test de l'ascenseur, c'est de la petite bière.

LES ENNEMIS DU SUCCÈS

Maintenant que nous avons les éléments nécessaires en poche, du moins les concepts, nous nous attaquons aux cinq pires ennemis du succès.

Je vous recommande fortement de vous adonner à la pratique régulière des quatre états d'esprit de la section précédente en concentrant votre énergie sur chacun à tour de rôle.

Vous pourriez par exemple vous efforcer, la première semaine de chaque mois, de tester chacune de vos croyances actuelles, et de les remplacer par de plus utiles au besoin.

La deuxième semaine de chaque mois, vous pourriez vous occuper de développer votre intuition et votre instinct.

La troisième, vous pourriez plonger dans le monde des enfants : vous les côtoyez, vous jouez, vous ne vous consacrez qu'au présent, sans montre et sans agenda.

La dernière semaine de chaque mois serait dédiée au développement d'un mental téflon. Vous testerez alors votre sensibilité aux critiques, votre audace et votre dépendance aux compliments.

Si vous assimilez cette nouvelle discipline de vie, vous verrez rapidement des changements substantiels dans votre vie et même dans la réaction qu'ont les gens à votre égard.

Bien sûr, tout le monde vous traitera de fou ou de folle ! Tant mieux, ce sera le signe que vous progressez.

Maintenant, soyez sur vos gardes. Nous nous attaquons dans cette section aux ennemis du succès. Je vous recommande de vous enfermer pour les prochaines minutes, le temps de passer à travers celle-ci sans vous faire interrompre.

Les ennemis du succès sont horriblement puissants et vous devrez y consacrer toute votre attention.

Papier et crayon à portée de main, s'il vous plaît.

Les sources d'ennemis

Avant de parler des ennemis comme tels, jetons un coup d'œil sur leurs sources, en ordre d'importance.

> La pire source d'ennemis que vous puissiez trouver sera toujours **vous.**
>
> Vous et vos croyances. Quelle chance vous avez : ce livre est justement consacré à l'apprentissage de la maîtrise de vos propres pensées.

Viennent au deuxième rang les fameux **conjoints**. Comme votre conjoint ou votre conjointe est très proche de vous, il ou elle a une grande influence sur vos décisions.

Ce que je vais vous dire vous déplaira peut-être, mais vous devez faire vos choix de vie **comme si votre conjoint n'existait pas.** Votre mental téflon vous sera, à cet égard, fort utile !

Suivez le raisonnement : si votre conjoint… Bon, je m'excuse, je suis incapable de poursuivre ma réflexion en utilisant ce mot ridicule : des cons+joints ! Pire encore deux cons+joints qui essaient de faire des promesses de cons (appelées cons+promis). Pas surprenant qu'il y ait tant de problèmes et de séparations. D'ailleurs, comment voulez-vous avoir une société en « expansion » quand plus de la moitié des personnes doivent payer la pension de l'ex !

Si votre partenaire (un mot que j'aime vraiment beaucoup plus) vous aime vraiment, il vous permettra de faire ce qui vous rend heureux. Si vous faites ce qui vous rend heureux, vous rayonnez, l'argent vient de lui-même et vous pouvez fonder un foyer vibrant. Simple, non ?

Ce n'est certes pas à coup de compromis que vous construirez un couple heureux. Les compromis créent deux personnes malheureuses, deux personnes qui n'ont pas ce qu'elles attendaient d'une certaine situation.

Troisième source d'ennemis : **la famille.** Les sarcasmes du beau-frère, la jalousie de la belle-mère, le commentaire du grand-père ; chacun y va de son petit mot sur ce que vous faites. Silence et mental téflon, *please !*

Quatrième source : **les collègues.** Vos confrères et consœurs de travail ont peu d'intérêt à vous voir réussir et sortir du lot. Si vous obtenez du succès, ils se sentiront coupables de n'avoir pas essayé et de ne pas faire eux-mêmes ce qu'il faut pour réussir. Ce sera plus facile pour eux de tenter par tous les moyens de vous ralentir en semant le doute dans votre esprit.

Au cinquième rang des sources d'ennemis : **la société.**

Vous lisez les journaux ? Vous regardez les bulletins de nouvelles ? Vous êtes masochiste ou quoi ? De combien de meurtres, de viols ou de guerres avez-vous besoin pour vous motiver à faire quelque chose qui permettra l'amélioration de votre vie, et ce, chaque jour ?

Vous, votre partenaire, votre famille, vos collègues et la société constituent dans l'ordre les sources des ennemis du succès. La règle d'or est donc de garder le silence sur ce que vous faites et **d'agir en chien de garde devant vos propres pensées.**

Passons maintenant aux ennemis proprement dits.

Ennemi nᵒ 1 : la peur

De mon point de vue et selon mes recherches, la peur est de loin le pire des fléaux. En même temps, la peur est aussi extrêmement précieuse. Pensez-y une seconde : plus une chose est néfaste, plus elle nous force à mieux nous connaître.

Le simple fait de prononcer le mot « peur » occasionne la peur. Si quelqu'un vous dit : « T'as peur ? », vous réagissez violemment parce que le mot est chargé de signification.

Si quelqu'un vous dit « Tu aimes les pommes de terre ? » vous ne remuez même pas un sourcil. Mais le mot « peur » est très menaçant, infiniment plus que les pommes de terre. (Sauf celles de ma femme… Mais non, je l'aime, ma déduction fiscale.)

Mais d'où vient la peur ? Qu'est-ce qui la provoque ? Voyons d'abord quelles sont les conséquences lorsque vous ouvrez la porte de votre esprit à ce monstre. Vous devenez hésitant, votre corps se crispe, votre esprit se trouble, tout devient terne et constipé. La peur bloque la circulation du sang, des idées et du flot de la vie.

Or, tout bouge dans cet univers. Il n'y a rien, absolument rien de statique. Ce livre que vous tenez dans vos mains bouge actuellement. Les particules qui le constituent oscillent à une vitesse si grande que vous avez l'impression qu'il est fixe.

Mais il bouge.

Il bouge un peu comme les rayons d'une roue qui atteint une certaine vitesse de rotation. En observant la roue qui tourne, on a parfois l'impression qu'elle ne bouge pas, parce que sa cadence est synchronisée avec notre fréquence visuelle. La même chose se produit au cinéma, avec le mouvement bien calculé de la séquence des images sur l'écran.

Si la peur bloque le mouvement, la peur doit être l'ennemi juré du monde relatif. Cela dit, pourquoi – et de quoi – avons-nous si peur ?

Le connu ou l'inconnu
« Nous avons peur de l'inconnu. » (La réponse classique.)

Pas d'accord. Je respecte le point de vue mais je ne l'achète pas. Comment puis-je avoir peur de ce que je ne connais pas ?

> Je ne crains pas du tout l'inconnu. Ce que je crains, c'est de perdre le connu. D'où l'expression « Je n'ai rien à perdre ». Lorsqu'on a peu de connu à perdre, la peur s'évapore.

Voilà le secret pour vaincre nos peurs. N'avoir rien à perdre !

Vous pensez : « Comment pourrais-je n'avoir rien à perdre alors que j'ai une maison à payer, des enfants à nourrir et un travail à faire ? »

Je vous rappelle que, de toute façon, que vous le vouliez ou non, **vous allez tout perdre tôt ou tard** ! Le voyage au paradis terrestre a une durée limitée et on ne vous a pas donné un billet aller seulement.

Mettons donc tous les morceaux de l'équation bout à bout. Vous allez tout perdre au moment de votre mort, qui peut se produire dans un certain nombre d'années ou d'ici une heure. De plus, quelques minutes avant de mourir, vous regretterez ce que vous n'avez pas osé faire.

Conclusion : vivez comme si vous n'aviez rien et osez tout !

Si vous n'avez rien, vous ne craignez pas de perdre le connu et la peur disparaît.

Vos enfants ne sont pas à vous. Ils sont *de* vous mais pas *à* vous.

Votre corps ne vous appartient pas vraiment non plus, puisque vous n'en avez pas tout à fait le contrôle (vous le contrôlez juste un petit peu). Comme nous l'avons vu plus tôt, pendant que vous lisez ces lignes, plus de cinq trillions (5 suivi de 15 zéros) de réactions chimiques par seconde se produisent dans votre corps.

Maintenant, si votre corps n'est pas vraiment à vous, qu'est-ce qui vous appartient vraiment ? Peut-être vos pensées. Et encore.

En conclusion, vous n'avez rien. N'est-ce pas merveilleux ? N'est-ce pas une fantastique possibilité de liberté ? Finie toute cette pression sur vos épaules. Rien ne vous appartient et vous n'avez en fin de compte aucune responsabilité réelle.

Vous n'avez rien. Qu'avez-vous à perdre, sinon votre temps ? Foncez, tout de suite ! Réalisez ce projet que vous concoctez depuis des années dans votre esprit, déménagez dans cette maison que vous croyez trop chère (essayez une offre, vous verrez bien), appelez cette personne qui vous a fait craquer l'autre jour et qui ne le sait même pas, allez voir votre père avec qui vous rêvez de renouer depuis 10 ans, rendez-vous dans ce pays que vous désirez tant voir au lieu de passer votre temps à le visiter par Internet. **Vivez, vivez tout de suite !**

Quand êtes-vous « bien » ?

Si je vous demandais de me décrire un moment où vous êtes *vraiment bien*, que diriez-vous ?

Prenez votre crayon et votre feuille puis écrivez votre réponse. Soyez précis. Des détails, je veux des détails.

Pas facile, hein !

« Pierre, je suis bien quand je joue au golf. »

D'accord. Pourquoi vous sentez-vous bien lorsque vous jouez au golf ? Est-ce l'espoir de faire un bon coup, la sensation que procure une balle frappée à la Tiger, le soleil, la beauté du terrain, le 19e trou, la détente musculaire après la partie ?

Précisément, pourquoi vous sentez-vous « bien » ?

> En faisant cette réflexion, vous devrez conclure tôt ou tard que vous êtes bien quand la totalité de votre esprit se trouve **dans le présent.**

Ce n'est pas le golf qui procure la sensation de bien-être et de paix (surtout pas quand votre balle plonge dans le lac sous le regard amusé de vos partenaires).

C'est le fait que vous vous donniez la permission de libérer la pression de votre esprit en vous concentrant *uniquement* sur la balle. **Pour un moment.**

Le moment présent

Se perdre dans le présent permet d'éliminer la peur.

Prenez par exemple les amateurs de sports extrêmes. Pourquoi risquent-ils tout ce qu'ils ont (famille, travail, argent) pour se percher sur une falaise, sauter en parachute ou plonger à 15 mètres sous l'eau avec des requins ?

Pourquoi ? Pour garantir à leur esprit **la liberté du présent.** Lorsqu'on s'apprête à se lancer d'une tour de 50 mètres avec un simple élastique autour des chevilles, je peux vous assurer qu'on ne réfléchit pas à son prochain paiement de voiture ou à sa prochaine déclaration de revenus.

L'un des meilleurs moyens de détruire la magie du moment présent est d'apprendre à **nommer** les choses. Le jour où vous apprenez à un enfant à nommer un certain type de fleurs, il cesse de la voir. Il a maintenant le concept de la fleur en question dans sa mémoire.

Chaque fois qu'il reverra ce type de plante, il ne verra plus la **nouvelle** plante sous ses yeux, il fera réapparaître le concept de la plante sur l'écran de son esprit et dira : « Ça, c'est une gueule-de-loup. »

Gueule-de-loup peut-être, mais tu n'as jamais vu cette fleur-ci, qui est sous tes yeux. Allez, laisse tomber le concept et regarde cette fleur !

➡ *Le prochain resto*

J'ai beaucoup de difficultés avec le futur. Je déteste entendre parler du futur. Bien sûr, j'adore mettre en œuvre des idées et des projets, mais je déteste les plans et les horaires.

Lorsque je parle d'un projet, je le fais au présent ; il existe déjà dans mon univers mental. Je sais très bien que si je lui donne vie dans mes pensées, la loi universelle se chargera de le matérialiser. Il ne peut en être autrement.

Pourquoi ? Parce que c'est une **loi.** Ne cherchez pas à pousser la réflexion plus loin, ne vous demandez pas pourquoi, ne cherchez pas à la décortiquer, c'est une loi et c'est tout. **Utilisez-la.**

Il n'y a pas de différence réelle entre une pensée, qui est une onde d'énergie consciente, et la matière. Aucune différence réelle. « Alors, dites-vous, comment se fait-il que tout ne se matérialise pas sous nos yeux dès que nous avons une pensée ? »

Manque d'énergie. Un simple manque d'énergie. « $E=mc^2$ », a dit Einstein. Avez-vous une petite idée de la quantité d'énergie qu'il faut pour matérialiser quelque chose ? Dans un simple petit bout de craie, il y a suffisamment d'énergie pour alimenter la ville de New York en électricité pendant toute une année !

Pour qu'une pensée se matérialise et, à plus forte raison, se matéria-lise rapidement, il faut qu'elle soit maintenue dans votre esprit et que **vous** soyez rempli d'énergie. Chaque doute, chaque inquiétude, chaque sentiment de peur siphonne complètement vos pensées de leurs énergies créatrices.

Mais revenons au présent. Récemment, j'ai mangé dans un restaurant en compagnie d'un ami qui s'est mis à me parler de son besoin de faire beaucoup d'argent. Durant tout le repas, pas un instant il n'a cessé de parler pour goûter à l'excellente nourriture qu'on nous avait servie. Il n'a pas apprécié la présentation originale, ni humé le par-fum de ses plats.

« Pourquoi veux-tu de l'argent ? » lui demandai-je.

« J'aimerais faire de l'argent parce que, si j'en avais, je pourrais enfin faire ce que j'aime, prendre le temps de vivre, profiter de la vie, emmener mes amis en vacances et m'amuser. Je pourrais aller au restaurant et… »

Et prendre le temps de goûter à ta nourriture, peut-être ?

Cessez de gaspiller vos moments à planifier un futur qui vous permettrait de profiter du moment où vous êtes déjà.

L'argent, toujours l'argent
Qui pense plus à l'argent qu'une personne qui en a beaucoup ? Une personne qui n'en a pas assez. Ce ne sont pas les riches qui sont maniaques de l'argent, mais les pauvres. En fait, les pauvres ne pensent qu'à ça.

Les personnes qui pensent le plus à l'argent sont aussi celles qui disent que l'argent est la source de tous les problèmes.

Je n'aime pas ce point de vue. L'argent n'est qu'un fluide, un fluide qui vous permet de diversifier au maximum l'éventail de vos expériences et de vos aventures.

Si vous voulez vraiment une vie hors de l'ordinaire, vous devez apprendre à aimer l'argent. Mieux encore, vous devez en faire votre associé, votre partenaire. Vous devez même le tenir pour acquis en sachant qu'il est toujours là, près de vous. Toujours abondant, toujours disponible au bon moment.

Vous devez vous convaincre qu'il est facile, très facile de faire de l'argent. Vous devez accepter que l'argent ne se gagne pas, qu'il ne se mérite pas. Il s'accepte.

L'argent vient automatiquement avec votre voyage au paradis terrestre. Il fait partie intégrante de la formule tout inclus que l'on vous a proposée.

➡ *Jésus était millionnaire*

Vous avez lu : « Il est plus difficile à un riche d'entrer dans le trou d'un chameau… », euh, non, attendez, « Il est plus difficile à un riche d'entrer au paradis qu'à un chameau de passer par le trou d'une aiguille. »

Ah bravo ! Voilà la belle excuse pour dire que l'argent est un péché et qu'il conduit en enfer. Vous voulez mon point de vue sur l'enfer ? L'enfer, c'est vivre dans un trois et demi avec quatre enfants et deux emplois, un de jour et un de nuit, sans savoir comment vous allez réussir à payer l'épicerie. Ça, c'est l'enfer !

« Être riche » au sens biblique signifie **être satisfait.** Lorsque vous êtes pleinement satisfait de ce que vous avez, vous n'avez plus faim. Vous devenez statique. Vous devenez las, morose et déprimé.

« Être pauvre » veut dire **en vouloir plus.** Plus d'expériences, plus d'aventures, plus de liberté, plus d'amour, plus de créativité et plus de piquant.

Tant que vous pensez continuellement à l'argent, que vous le critiquez, que vous le gérez, que vous le protégez, que vous le pointez du doigt et que vous enviez les millionnaires, l'argent devient votre Dieu.

Comme il est constamment dans votre esprit, vous devenez littéralement son esclave et il devient votre roi.

Si l'argent n'est qu'un outil et que vous l'utilisez comme tel, il n'a aucun pouvoir sur vous. D'ailleurs, Jésus était millionnaire, ne le saviez-vous pas ?

De quelle autre façon pourrait-on décrire une personne capable de faire apparaître ce dont elle a besoin au moment même où elle en a besoin ? Ça, c'est être vraiment riche. Jésus, un pauvre ? Vous voulez rire ?

➡ *Vos réactions face à l'argent*
Je vous donne un devoir pour ce soir (oui, en plus des expériences déjà proposées). Après tout, c'est vous qui avez demandé à recevoir des détails et une méthode structurée pour obtenir du succès. Je vous rappelle qu'il y a toujours la méthode simple et directe : demandez et vous recevrez…

Je vous invite à écrire en détail ce que vous pensez sincèrement de l'argent.

- Quels sentiments avez-vous à l'égard de l'argent ?

- Quelles croyances attachez-vous à la richesse ?

- Croyez-vous que vous devez *gérer* votre argent ?

- Croyez-vous que vous devez le *contrôler ?*

- Croyez-vous qu'il soit *limité ?*

- Sentez-vous que vous avez le droit d'être riche ?

- Seriez-vous à l'aise demain si vous gagniez le gros lot du Lotto 6/49, et qu'on plaçait votre nom et votre photo à la une des journaux ?

- Seriez-vous à l'aise de rouler en Porsche ou vous sentiriez-vous coupable d'avoir trop d'argent ?

- Avez-vous toujours peur de manquer d'argent ?

• Lorsque vous sortez au restaurant, ou lorsque vous allez en voyage, prenez-vous une option économique, pour vous en garder pour plus tard ?

Faites sortir tous vos démons reliés à l'argent et écrivez-les. Ils sont à l'origine de toutes vos peurs financières et ils vous privent de la fluidité économique nécessaire au succès. Allez-y, écrivez ! Cet exercice est fondamental.

Vous savez, l'attitude des millionnaires est la suivante : « *Nothing but the best, forget the rest.* » (Les millionnaires qui ne parlent pas l'anglais iraient, eux, tout de suite à leur dictionnaire pour trouver le sens de cette phrase.)

➡ **Le thrill** *des fins de mois*
Voici un exemple concret d'une attitude vicieuse qu'ont certaines personnes à l'égard de l'argent.

La fin du mois approche. Vous savez que le premier du mois suivant, vous devrez payer loyer, assurances, intérêts sur marge, paiement minimal sur cartes de crédit, électricité et téléphone. Le problème, c'est qu'il vous manque 548 $ pour réussir à payer toutes ces factures.

Vous êtes inquiet. Vous avez une discussion chaude avec votre partenaire. Comment vous en sortirez-vous cette fois ?

Vous êtes vraiment pris au piège. Or, vous savez quoi ? **Vous adorez ça !**

Non, non, ne me dites pas le contraire. Vous adorez le *thrill* des fins de mois. Vous aimez chercher comment vous en sortir pour ensuite dire « *Yes*, on a encore passé ce mois-ci ! » Vous aimez vous placer dans une situation périlleuse pour relever le fascinant défi de trouver une nouvelle façon de vous tirer du pétrin.

Vous recherchez ce sentiment, cette adrénaline qui mettent du piquant dans votre vie. Bref, vous creusez vous-même votre propre trou, vous vous y jetez et vous regardez comment vous allez vous sortir de là, pour le simple plaisir de vous en sortir.

Je me trompe ? Alors comment se fait-il que vous jouiez encore au jeu des fins de mois, si ce jeu ne vous intéresse plus ? Lorsque vous vous direz que ce jeu a assez duré, cette situation disparaîtra d'elle-même de votre vie.

Pourquoi ne pas employer votre esprit à créer de nouveaux scénarios, comme « Que faut-il faire pour générer cent mille dollars dans ma vie le mois prochain ? » Impossible ? Comment, impossible ? **Essayez, bon sang !** Ne vous retirez pas de la course avant même que le signal du départ ne soit donné.

Accordez-vous au moins la chance de jouer à « Faisons comme si c'était possible. »

OK, OK, c'est impossible. Mais comment ferions-nous si c'était possible ? Faites-en une devinette, un jeu.

Inventez-vous des défis « non réalistes » et amusez-vous à soumettre le tout à votre cerveau. Dormez dessus, prenez des marches et voyez les idées que votre inconscient vous propose pour résoudre ce nouveau casse-tête.

Plus la question sera grande, plus la réponse sera grande. Toujours le bon vieux principe de l'action-réaction.

Petite question, petite réponse ; grande question, grande réponse. Ne cherchez pas plus loin, c'est aussi simple que cela.

Ne lisez pas entre les lignes. Il n'y a rien entre les lignes.

Ennemi n⁰ 2 : la sécurité

De nos jours, on ne peut pas faire dix pas sans recevoir une offre de protection. Une assurance par-ci, une mise de côté par-là, une ceinture ici, un système d'alarme là. Y a-t-il quelqu'un pour me vendre une assurance contre les assurances ?

Ah, vous voulez être rationnel ? D'accord, soyons rationnels.

Premièrement, pour se protéger adéquatement, il faut connaître tous les paramètres contre lesquels on doit se protéger, pas vrai ? Donc, il faut connaître **vos** chances d'accidents, de maladie, de faillite, d'électrocution, et de je ne sais quoi encore.

Pourtant, les gens qui ont les plus belles vies sont aussi ceux qui sont les plus confortables avec l'insécurité.

> Vous devez apprendre à vivre en sécurité dans l'insécurité. « Car ils ne sèment ni ne moissonnent, pourtant votre Père céleste les nourrit ! »

Vous pouvez penser ce que vous voulez de cette phrase, mais croyez-moi, elle fonctionne réellement. À choisir entre le « Père céleste » et les compagnies d'assurance, je sais très bien sur qui je parie.

Vous pensez que je suis naïf? C'est votre droit. Mais jugez les résultats, pas la logique. Regardez votre propre vie et nommez-moi les cinq plus beaux moments que vous avez vécus.

Allez-y, écrivez.

Ces moments ne sont-ils pas les moments où vous avez dit « Ah! et puis merde, je fonce » ou encore « Il arrivera ce qu'il arrivera, je me lance » ? Alors, pourquoi perdez-vous ce merveilleux réflexe en l'enterrant sous des dizaines et des dizaines de mesures de protection s'il vous a apporté les plus belles expériences de votre vie ?

Ne l'oubliez jamais, les plus grandes fortunes se bâtissent **sur le risque.**

Vos plus beaux moments sont eux aussi issus du risque. Vous ne pouviez pas vous garder de portes de sortie quand vous avez choisi d'avoir un enfant ou de lancer votre entreprise. **Vous avez mis tous vos œufs dans le même panier.**

Lorsque je rencontre des entrepreneurs ou des professionnels en difficulté, je m'aperçois que, souvent, ils ont cessé de faire ce qu'ils faisaient quand tout a commencé, quand tout fonctionnait. Ils se sont mis à protéger leurs acquis. Leur attitude est passée de « On fonce dans le tas » à « Protégeons ce que nous avons. »

Et au lieu de continuer à s'enrichir, ils ont enrichi des avocats.

Les petites bouteilles de shampoing
La sécurité est tellement enracinée dans notre quotidien qu'on ne voit même plus comment elle nous remplit de craintes.

Un exemple : la dernière fois que vous êtes allé à l'hôtel, n'avez-vous pas mis dans votre valise les petites bouteilles de shampoing, de lotion hydratante et les petits savons pour les ramener à la maison ? Et de ces échantillons, n'en avez-vous pas 50 qui traînent dans votre tiroir de salle de bain, juste au cas où il y aurait une guerre nucléaire et que vous auriez une incroyable envie de vous laver les cheveux ou de vous hydrater le corps à ce moment ?

Vous vous demandez comment je sais ce qu'il y a dans votre tiroir de salle de bain ? J'ai peut-être commencé à maîtriser les lois du succès mais j'ai aussi dû gravir la montagne… Des bouteilles, des enveloppes de lotion, des petits savons, il m'en reste encore beaucoup.

Drogues ou médicaments ?

Je sais que vous tenez à l'argent que vous avez mis de côté.

Je sais que vous tenez à votre fonds de pension.

Je sais qu'on vous dit (je l'ai même déjà fait, ciel !) de prévoir qu'avec une espérance de vie de 15 ans à la retraite, vous devrez avoir en banque 1 253 563 $, qui vous rapporteront 43 548 $ par année sans toucher au capital et que, pour ce faire, vous avez besoin de mettre de côté 532 $ par semaine si vous commencez à 43 ans, 343 $ par semaine si vous commencez à 35 ans et 122 $ par semaine si vous commencez à 20 ans.

Pire que ça, on vous dit qu'il est peut-être trop tard pour vous, mais que vous devez au plus vite inciter vos enfants à commencer tout de suite à planifier leur retraite. Je le sais, je suis aussi passé par là.

Mais comment voulez-vous mettre 343 $ par semaine de côté à 35 ans, alors que vous devez payer maison, sorties, vêtements, meubles, électroménagers, nourriture, voiture et tout le bazar !

La seule façon de réussir à le faire, c'est de **bâtir votre propre entreprise et d'avoir du succès.**

Mais si vous bâtissez votre propre entreprise et que celle-ci connaît du succès, vous n'avez plus besoin de REER et de fonds de pension. Vous investissez à ce moment vos sous dans vous-même et dans votre propre projet et touchez un bien meilleur rendement.

> Les faits sont là : les gens riches ont investi tout ce qu'ils avaient dans leur formation et dans leurs propres projets. Pas dans les fonds communs de placement, une assurance-vie universelle ou un REER autogéré, mais **dans leur propre vie !**

Faites votre enquête et tirez vos propres conclusions. Si vous avez besoin de sécurité pour vivre, blindez-vous de tous les côtés. Mais soyez prévenu : la marge est mince entre une drogue et un médicament.

Si vous voulez faire rire Dieu, faites un plan
« Un plan par-ci, un plan par-là, mon temps qui volait, qui volait, mon temps qui volait au vent… »

Pourquoi tenez-vous tant à vous battre contre l'univers ?

Si le Créateur (votre « vrai vous ») avait souhaité vous voir faire des plans, il vous aurait doté du pouvoir de comprendre le nombre incalculable de variables à prendre en considération pour réussir un plan intelligent.

Comme nous ne connaissons pas l'avenir (et entre nous, c'est beaucoup plus le *fun* ainsi), nous ne devrions pas perdre une seule minute à planifier. Je vous rappelle qu'à la fin vous regretterez le temps perdu, pas les supposés échecs.

Emerson a écrit : « Réussir sa vie, c'est réussir sa prochaine heure. »

Si vous tenez vraiment à faire des plans, n'en faites que pour la prochaine heure : votre vie deviendra tout simplement merveilleuse, croyez-moi.

Oxymorons

Les Anglais d'Angleterre utilisent l'expression *oxymorons* pour désigner des mots qui ne vont pas ensemble – l'expression vient du grec, mais bon. Les mots et les expressions que nous utilisons continuellement peuvent nous occasionner des problèmes en augmentant notre conditionnement, entre autres, à l'égard de notre besoin de sécurité.

Par exemple, l'expression « plan marketing » vous laisse croire, parce qu'elle fait maintenant partie des meubles linguistiques, qu'on ne peut faire du marketing sans plan.

L'expression « indépendance financière » vous conditionne aussi à penser qu'il est possible d'être à la fois indépendant et au service de la finance. J'ai pour mon dire que plus la finance est importante dans la vie, plus on en est dépendant.

Les *oxymorons* ne se limitent pas à la sécurité. Il y en a plusieurs autres. Par exemple (voyons si vous pouvez déchiffrer vous-même la leçon) :

• plan d'affaires

• portefeuille équilibré

• retraite heureuse

- besoin d'amour

- politicien honnête (oups ! je ferais mieux d'arrêter ma liste ici…)

➡ **Vision, oui. Plan, non.**
Il y a une différence fondamentale entre un plan et une vision.

Bien sûr, vous devez avoir une vision de ce que vous voulez. Cette vision doit être très précise. Aussi, pour demander, il faut **vouloir** quelque chose de précis.

La plupart des entreprises se vantent d'avoir une vision. Mais une phrase de deux lignes comme : « Être le leader du marché nord-américain des thermopompes », ce n'est pas une vision. C'est une phrase pour faire plaisir au banquier ! (Non, je ne suis pas fâché, seulement intense.)

 Une vision, comme le mot le dit, est associée à « voir », et concerne le développement complet d'une **image** qui décrit le but poursuivi.

> Il en va de même pour tout ce que vous voulez dans la vie. Vous devez avoir une image claire et complète de ce que vous demandez. Savoir ce que l'on veut est d'ailleurs l'une des choses les plus difficiles pour un être humain.

Lorsque vous avez une vision bien définie, vous devez la maintenir à l'esprit et suivre la piste des événements qui se présentent à vous pour vous rendre à destination.

Vous pouvez bien sûr émettre des hypothèses sur le chemin à suivre et sur ce dont vous aurez besoin, mais plus votre niveau de « foi » sera élevé et moins vous aurez besoin d'organisation préalable.

Qu'il s'agisse de bâtir une entreprise ou de gravir une montagne, le degré de préparation et de planification nécessaire est inversement proportionnel au degré de foi que vous avez.

Idéalement, vous ne faites que choisir la photo voulue. Vous laissez apparaître le chemin pour y arriver en gardant votre esprit dans le moment présent.

Ennemi nº 3 : la surprotection

Ennemi voisin de la sécurité et de la peur (ne vous surprenez pas, ils sont tous reliés), la surprotection vous conduit à vouloir tout protéger de peur de vous faire voler vos idées, vos profits et vos affaires.

Tout d'abord, il ne s'agit jamais de **votre** idée. Lorsqu'une idée passe dans votre champ de vision mental, en êtes-vous vraiment l'auteur ?

Si vous considérez que vous n'êtes qu'un conduit, un canal, un véhicule nécessaire pour améliorer le mieux-être de la race humaine et de tous les habitants de cette planète, vous perdrez tout besoin de vous protéger.

Vous vous direz : si l'idée m'est venue d'une source différente de mon cerveau, d'autres, éventuellement, proviendront de la même source.

En vous agrippant à la première idée venue comme si votre vie en dépendait, en tombant sous le charme des vendeurs de catastrophes, en engloutissant tous vos sous dans des brevets, des contrats et des avocats, vous finirez par n'avoir plus rien. Plus rien qu'un beau document sur une tablette et un prototype qui se couvre de poussière.

Non seulement votre idée ne naîtra jamais ni ne contribuera à l'amélioration de la vie en société mais vous aurez été projeté au « tapis économique » des dizaines de fois sans raison.

Un orthodontiste récalcitrant

Je ne compte plus le nombre d'entrepreneurs, de créateurs et d'inventeurs qui sont venus me voir en me disant : « Pierre, j'ai inventé le bidule du siècle. Je sais que ce truc vaut des millions. Peux-tu m'aider à le commercialiser ? »

Ça me fait penser à un orthodontiste qui avait mis au point un nouveau système pour corriger un problème de palais chez les enfants. Discipliné, il consacra tous ses revenus de professionnel à la création de son système. Une fois le prototype conçu, il suivit le conseil de son avocat, qui lui enjoignit bien sûr de se protéger au plus vite en demandant un brevet.

De nouveau, notre courageux spécialiste mit son argent en mouvement et attendit patiemment les trois années nécessaires à l'obtention de son brevet, brevet qui lui permettrait certes d'être acheté par un riche Japonais en quête d'idées miraculeuses.

Sauf que, entre-temps, une compagnie américaine a mis sur le marché un appareil très (pour ne pas dire trop) similaire à celui de notre héros. Cette entreprise a vite enregistré des profits mirobolants alors que l'orthodontiste n'avait pratiquement plus d'argent dans ses poches à force de se protéger.

Que faire ?

Ma suggestion : entrer au plus vite sur le marché et s'y faire une place pour profiter des fruits de son idée avant qu'elle ne soit dépassée. Après tout, les technologies vont tellement vite de nos jours ; trois ans d'attente pour un brevet et hop, le concept est désuet !

La suggestion de son avocat : attaquez le joueur américain en cour – oubliant bien sûr que l'idée de celui-ci générait des centaines de milliers de profits alors que son client devait faire des heures supplémentaires pour payer ses frais de surprotection.

Je vous épargne la suite.

Le surprotection est tout aussi problématique dans l'univers des contrats. Je demeure et demeurerai toujours un ardent partisan des poignées de main.

La justice universelle
Croyez-vous que notre monde soit *injuste* ? Moi non.

Au contraire, tout ce que j'ai pu observer me montre à quel point l'univers est parfaitement juste.

Chacun a toujours exactement ce qu'il a demandé. Vous avez exactement la vie que vous avez demandée et que vous continuez à demander chaque jour. La Loi de l'action-réaction, troisième loi de Newton, laisse entendre que tout ce que vous faites reviendra immanquablement vers vous.

> La justice humaine a ses limites. La justice universelle est illimitée.

Si vous acceptez ce principe, si vous n'êtes pas superficiel quand vous dites « Qui sème le vent récolte la tempête », vous devez vous abandonner sans restriction à la justice universelle.

Vous n'avez plus besoin de contrat, plus besoin de brevet, plus besoin de mesurer si vous avez reçu dans la bonne proportion en fonction de ce que vous croyez avoir fait.

Vous vous fiez à l'univers. L'univers est le meilleur banquier, le meilleur comptable et le meilleur avocat que vous puissiez engager.

La seule vraie justice devrait tenir compte de tous les événements déclenchés par un geste. Pas simplement les événements *visibles*.

La justice ne dépend pas des heures de travail ni de la quantité d'efforts consentis. Elle dépend **de l'impact de vos actions.**

Si, par une seule parole, vous inspirez une personne, et que celle-ci, forte de cette inspiration, invente une technologie qui apporte nourriture et énergie à tous les habitants de la Terre, votre seule parole vaudrait des millions de dollars.

L'inverse est aussi vrai. Si une parole blessante place quelqu'un dans une situation périlleuse et l'empêche de jouer un rôle qui aurait contribué au mieux-être de milliers de personnes, la dette est en bonne partie reportée à votre dossier.

Comment expliquer que des personnes naissent handicapées, d'autres pauvres et d'autres riches et talentueuses ? La Justice.

Oh, vous n'aimerez pas ma réponse. Vous n'aimerez pas que tout s'explique facilement si on accepte la réincarnation.

Une église qui veut vous contrôler vous dira que la réincarnation n'existe pas, semant en vous la peur de l'enfer. Parce que si la réincarnation existe, vous pourriez vous dire que vous aurez une autre chance si ça ne marche pas dans cette vie-ci et refuser de vous soumettre à une autorité religieuse en mal d'auditoire.

Et vous, n'avez-vous jamais donné une autre chance à vos enfants ou à un ami qui vous avait fait du tort? N'est-ce pas logique que nous aussi puissions avoir « d'autres chances », au besoin?

D'ailleurs, toutes les religions appuient la réincarnation; j'ai bien dit « religions », pas « organisations religieuses. » Pour s'en convaincre, on n'a qu'à lire les écrits originaux.

J'ai bien envie de vous piquer un peu: tous les disciples de maîtres sacrés sont baptisés par leur gourou. Il s'agit d'une sorte de règle non écrite. Comment se fait-il que Jésus ait permis à Jean le Baptiste de le baptiser, si celui-ci n'était pas son gourou? Pourquoi Jésus fait-il référence à Élie dans l'une de ses sept paroles sur la croix?

Je vous laisse réfléchir en vous mettant sur la piste. Jean le Baptiste et Jésus, maître et disciple. Élie et Élisée... Fouillez les textes et cessez d'acheter tout ce qu'on vous dit.

L'univers est parfaitement juste. Il est tellement juste qu'il vous permettra même de vivre une vie complète en croyant à l'injustice si tel est votre désir.

La compétition n'existe pas

Avant de me traiter de tous les noms, demandez-vous sincèrement ce qui arriverait si vous cessiez de considérer les autres comme des concurrents.

« Tout le monde sait que, dans la nature, c'est la loi du plus fort qui prime. » Du moins, c'est la croyance populaire.

Vous ne regardez certainement pas la même nature que moi. Ce que je vois, c'est une nature où tout est interrelié, où toutes les espèces travaillent en étroite collaboration. Les plus forts sont parfois les plus faibles et vice-versa. Je ne vois pas de compétition.

Derrière chaque compétiteur se cache un allié. Vous avez besoin du muscle Albert pour le voir. Si quelqu'un veut vous copier, au lieu de fermer la porte et de partir en guerre, voyez quelles nouvelles forces ce joueur pourrait vous amener et faites une alliance.

Ce ne sera peut-être pas toujours possible, mais je vous propose d'avoir cette attitude en premier.

> La compétition est destructive. Si on élimine la peur et si on se fie à la justice universelle pour équilibrer les choses, on perd vite l'instinct de compétition. Si un «concurrent» se sert de vos idées pour faire de l'argent, c'est tant mieux pour vous. Le pendule reviendra. Il revient toujours.

Je vous invite même à payer vos concurrents pour qu'ils vous copient ! Utilisez les humains comme les cellules du corps humain s'utilisent mutuellement.

D'une certaine manière, nous formons une communauté qui ressemble étrangement à celle des cellules du corps humain. Que se passerait-il s'il fallait que la main gauche commence à faire concurrence à la main droite pour obtenir l'attention du cerveau ? À quel désordre assisterions-nous ?

Je sais qu'avec de pareilles idées on m'accuse régulièrement de n'être pas très branché sur les nouvelles et sur la réalité. Ces gens qui m'accusent ont raison. Je ne suis pas dans leur réalité. Je préfère la mienne.

Et si vous voulez vraiment le savoir, j'aimerais mieux fumer le journal que le lire.

Ennemi n° 4 : les opinions

Ce qu'on s'amuse. Je m'excuse pour le mal de tête que cette lecture provoque peut-être chez vous, mais c'est nécessaire. Tenez bon, il ne nous reste que deux ennemis à affronter.

Le prochain sera vite démasqué : les opinions.

L'univers est relatif et tous les points de vue sont permis. Au fond, avoir une opinion, c'est chercher à imposer son point de vue aux autres.

> Seuls ceux qui ne sont pas certains de leur point de vue doivent chercher de l'appui auprès des autres en argumentant et en défendant leur opinion.
>
> Seuls ceux qui ne sont pas convaincus de leurs croyances ont besoin d'obtenir le soutien d'autres personnes afin de compenser la faiblesse de leur point de vue.

Tout ce qui vous arrive est **de votre faute.** De votre faute et de votre seule faute. Tant que vous chercherez à blâmer quelqu'un d'autre pour ce que vous vivez, vous n'arriverez à rien.

En plaçant la responsabilité ailleurs que sur vos propres épaules, vous remettez non seulement votre puissance mais également votre liberté entre les mains d'autrui.

Une autre expérience : pendant les trois prochains jours, je vous demande de compter le nombre de fois où vous essayerez de défendre une opinion. Faites-en le compte. Vous serez troublé.

Dites-vous qu'à chaque débat vous gaspillez votre énergie inutilement et vous faites la démonstration publique que vous n'êtes pas convaincu de vos croyances.

Les problèmes de couple

L'endroit le plus propice aux interminables discussions est bien sûr le foyer. Vous vous souvenez, ces cons+joints qui font des promesses de cons ?

➡ La dépendance

Si le taux de séparation est si élevé, c'est que les couples échouent dans l'application des règles de base des lois du succès.

Par exemple, tant qu'un des deux partenaires a *besoin* de l'autre, il y a risque de problèmes. Si vous avez *besoin* de votre partenaire, c'est que vous avez *besoin* qu'il soit ou qu'il fasse quelque chose pour **vous** rendre heureux ou heureuse.

Vous avez des attentes. C'est là le problème.

Quand vos attentes ne sont pas réalisées, vous êtes déçu, choqué. Mais si vous n'aviez aucune attente, vous ne seriez jamais déçu.

Difficile ? Peut-être. Mais pas du tout impossible.

> Vous ne pourrez pleinement aimer quelqu'un que lorsque vous n'en aurez plus besoin. C'est l'amour **inconditionnel.** Qui dit *sans conditions*, dit *sans attentes*.

N'avoir pas besoin de l'autre ne veut pas du tout dire que vous devriez nécessairement avoir un travail à l'extérieur du foyer. Ça veut tout simplement dire que si un membre du couple reste à la maison par choix, il doit avoir son revenu régulier, à même les revenus de l'autre.

C'est une décision qui se négocie.

> Évitez les comptes conjoints !
>
> Évitez les comptes conjoints !
>
> Évitez les comptes conjoints !

Les deux plus grands sujets de conflits dans un couple sont l'argent et le sexe. La question de l'argent se règle par l'autonomie et la liberté de chacun, une fois les responsabilités partagées. Quant au sexe…

➡ *Gérer l'énergie sexuelle*
Comme pour les questions de finance, le couple doit avoir une « politique de sexe » bien établie.

Chaque partenaire doit écrire à l'intention de l'autre tout ce qu'il aime et n'aime pas et faire référence à des livres spécialisés afin de développer ses techniques sexuelles.

Les heures d'ébats sexuels doivent être choisies à l'avance et le choix des positions sera débattu au souper du dimanche, en famille.

Êtes-vous en train d'avaler ces conneries! Je vous testais. Ha! Ha! Je voulais savoir si vous suivez comme un mouton ou si vous étiez toujours là.

Le sexe est l'énergie la plus puissante de l'univers. Comme dans toute centrale d'énergie, il faut gérer le « flot ».

> Monsieur, votre femme ou votre blonde ne se transformera pas en mannequin de Victoria's Secret si vous ne jouez plus le rôle de James Bond en la surprenant régulièrement par des aventures et des surprises.
>
> Madame, votre mari ou votre chum sera toujours de mauvaise humeur si la pression de ses testicules fait sortir les veines de ses avant-bras.
>
> Pas besoin d'un cours de sexe pour comprendre ça!

Bien sûr que le sexe est fondamental. Mais il y a mieux, beaucoup mieux. (Ahhh, vous êtes pendu à mes lèvres. Je vous tiens par les... sentiments.)

Il y a l'univers de la **transmutation sexuelle**.

L'amour découle directement de la transformation de l'énergie sexuelle en fréquence supérieure. Mais il faut malgré tout commencer par allumer le feu ! La bougie d'allumage par excellence, c'est le sexe.

Comme le disait Saint-Exupéry : « Aimer, ce n'est pas se regarder l'un l'autre, c'est regarder ensemble dans la même direction. »

Il a raison. Mais ce n'est pas toujours facile de regarder ensemble dans la même direction lorsqu'on met en pratique certaines positions du Kama Sutra…

Ennemi n° 5 : la routine

Fermez les yeux. Bon, enfin, tentez de visualiser la scène suivante pendant que vous lisez.

Vous êtes avec votre tendre moitié sur un superbe voilier d'une quinzaine de mètres, ancré tout près d'une magnifique île des tropiques. Aucun bruit, un soleil resplendissant. La mer est turquoise. C'est le paradis.

Vous passez une nuit merveilleuse au bras de votre prince charmant ou de votre déesse préférée. Le lendemain, le soleil est au rendez-vous. Il fait toujours aussi beau. Aucune vague à l'horizon. Simplement le calme et la beauté du paysage.

Voilà maintenant sept jours que vous goûtez à ce spectacle divin. Le soleil, la mer, le calme.

Maintenant, vous y êtes depuis trois mois.

Il fait beau. Il y a du soleil. La mer est belle.

NON MAIS ON POURRAIT-TU AVOIR UNE VAGUE, UN BRUIT, QUELQUE CHOSE, QUOI !

La routine détruit des vies. Même dans les plus beaux scénarios, après un temps, vous en aurez marre. Vous voudrez du changement, de la variété.

Le problème, c'est que vous passez tellement de temps à assurer votre sécurité qu'une fois que vous avez vos « acquis », vous en devenez prisonnier. Vous en faites une routine.

Une fois le but atteint, il faut au contraire tout jeter à terre et suivre une autre piste. Ça, c'est l'aventure, ça, c'est excitant ! Vous ne verrez jamais d'autres mers et monde si vous n'êtes pas prêt à laisser le rivage derrière.

> Si vous comprenez que ce qui compte, ce n'est pas la destination **mais le chemin que l'on prend pour s'y rendre,** vous aurez fait un grand pas sur la voie du succès.

En affaires, vous cesserez de comparer les projets à des billets de loterie. Vous créerez sans cesse de nouvelles aventures pour vous et votre famille.

Vous n'aurez plus de tolérance pour le métro-boulot-dodo. C'est là la raison d'être de l'univers. Un immense terrain de jeux et de découvertes.

Dieu s'emmerde !

Que feriez-vous si vous étiez tout, saviez tout, connaissiez tout et étiez simultanément partout ? Je vais vous le dire : vous voudriez à tout prix vous donner des limites pour le simple plaisir de vous diver-tir et de créer de nouvelles aventures.

Chaque être humain est conçu pour dessiner un nouveau tableau. Comme le dit le docteur Chopra : « Mettez du piquant dans la vie de Dieu ! »

> Si le point culminant de votre semaine, c'est la soirée du vendredi lorsque vous vous étendez sur votre fauteuil et que vous regardez un bon film sur votre cinéma mai-son, votre vie doit être assez ennuyante, merci !

Je me trompe ? Si oui, tant mieux. Parce que ce n'est certes pas au cinéma que vous vous fabriquerez une vie d'aventures. Le cinéma n'est pas mauvais en soi, mais quand il devient l'événement le plus stimulant de votre vie, j'ai des doutes.

➡ *Un problème ? Hourra !*
Avez-vous déjà essayé d'escalader un mur lisse ?

Allez-y, essayez, j'ai tout mon temps. Je vous regarde aller.

Pas capable ? Évidemment, pour réussir à grimper, il vous faut des prises. Ces prises sont les aspérités ou les « problèmes » du mur.

> Bref, il faut des problèmes pour croître. Plus les **problèmes** sont importants, plus la croissance est facile.

Lorsque je visite une entreprise pour parler de croissance, je cherche toujours à connaître les cinq plus grands problèmes qu'on y vit. Immanquablement, ces problèmes cachent les plus beaux leviers de croissance lorsqu'on les regarde avec le muscle Albert.

Justement, la mode est à la programmation neurolinguistique (PNL). Parfait, suivons la mode. Levez-vous. Nous allons programmer une réaction métabolique dans votre corps en l'associant à une série de mots.

Vous pourrez utiliser ce puissant outil chaque fois que vivrez un problème. Vous allez voir, c'est tout à fait miraculeux.

Cela vous permettra de développer votre muscle Albert et d'avoir le réflexe de vous dire : « Quel avantage puis-je tirer de cette situation pénible ? » Ou encore : « Qu'est-ce que j'essaie de m'enseigner ou de me dire en me faisant vivre cet événement difficile ? »

Vous êtes prêt ? Allons-y.

Mettez-vous debout et dites, le poing levé en signe de victoire : « *Yes*, on est dans marde ! »

Plus fort ! Je suis sérieux.

Vous venez de faire une crevaison ; criez : « *Yes*, on est dans marde ! »

Vous venez de perdre 5 000 $ à la Bourse, hurlez ; « *Yes*, on est dans marde ! »

Le sac d'épicerie vient de se déchirer dans le stationnement du magasin : « *Yes*, on est dans marde ! »

Votre ordinateur vient de sauter et vous n'avez pas sauvegardé le texte de la présentation de vente que vous devez faire demain matin : « *Yes*, on est dans marde ! »

Ahhhh, ça fait du bien, n'est-ce pas ?

Le pire, c'est que ça fonctionne vraiment !

Vous comprenez maintenant pourquoi je vous avais demandé de lire cette section dans un petit coin tranquille. J'aurais bien voulu vous entendre crier « *Yes*, on est dans marde ! » dans le métro ou au café du coin !

LES ALLIÉS DU SUCCÈS

Sur la piste du succès, les ennemis sont nombreux. Qu'à cela ne tienne, vous ne serez pas seul. Armé des quatre états d'esprit nécessaires (nécessité de tout tester, intuition, âge mental d'un enfant de quatre ans et mental téflon), vous êtes prêt à faire la rencontre des alliés qui vous seconderont dans votre recherche du succès.

Allié n° 1 : la curiosité

Connaissez-vous un seul enfant qui n'a pas 56 questions (parfois déculottantes) à poser chaque jour ?

Le problème, c'est qu'au fil des ans, on nous apprend à poser moins de questions. On nous dit de ne pas fourrer notre nez partout, de lever la main avant de demander quelque chose. Cela a pour effet de détruire notre réflexe naturel d'inquisition.

Si vous voulez tout plein d'aventures, vous devez remettre cette qualité dans votre quotidien. Vous n'êtes tout simplement pas assez curieux. Votre grand-mère vous a déjà dit qu'il n'est pas bon d'être trop curieux ? Au diable la grand-mère !

> Vous devez prononcer le mot «Pourquoi» au moins 10 fois par jour, puis fouiller pour trouver des réponses.

Il ne suffit pas de dire que vous vous intéressez à une foule de choses. Il faut faire des recherches et des expériences. Lire, voir et raisonner est tout à fait insuffisant. Rappelez-vous : j'entends, j'oublie ; je vois, je me souviens ; **je fais, je comprends.**

Tenez, un autre test : êtes-vous allé fouiller dans la Bible pour découvrir pourquoi je prétends à la page 92 que Jésus était la réincarnation d'Élisée ? Non ? Ben voilà, vous n'êtes vraiment pas assez curieux.

Papa, papa, papa

Chaque jour, mes enfants m'enseignent l'art de la curiosité, et si je les laisse m'entraîner dans leur univers de découvertes au lieu de les rabrouer, j'apprends immanquablement quelque chose d'utile et de passionnant.

Timmy, cinq ans, me demandait pourquoi les adultes semblent se plaire à faire toutes les choses que les enfants ne doivent pas faire, comme fumer, sacrer, boire de l'alcool, se toucher, etc.

En tentant une réponse, j'ai vite conclu que je n'avais aucune explication intelligente pour justifier ces interdictions. Chez nous, les enfants sont donc libres de fumer et de prendre un verre d'alcool. Ne trouvant pas cela très satisfaisant, ils ont vite fait de catégoriser alcool et cigarette comme étant ennuyants et désagréables. Ils sont par contre libres de boire et de fumer.

Comme leur curiosité a été satisfaite à ce sujet, ma femme et moi pensons que, lorsqu'ils atteindront l'âge adulte, ils ne s'y lanceront pas comme des maniaques qui ont embouteillé leur curiosité pendant 10 ans. Lorsque le bouchon saute après 10 ans d'interdiction, imaginez la pression. C'est la débandade la plus complète.

La curiosité doit donc trouver à se satisfaire, sans quoi elle refera surface tôt ou tard. Plus elle resurgit tard, plus la quête est hors de contrôle. Vous auriez dû voir ma fille Charlie, neuf ans, lorsqu'elle a demandé à ma femme de lui donner plus de détails sur le sexe. Ma femme préféra l'envoyer à son père. Sur quoi Charlie lui répondit : « Non, maman, je ne veux pas en savoir tant que ça ! »

C'est comme ça : je n'ai pas de secrets pour mes enfants.

Les poissons, champions de nage synchronisée
Avez-vous déjà observé attentivement un banc de poissons dans ses mouvements et ses déplacements ? Vous n'avez rien remarqué de surprenant ? Allons, allumez votre curiosité. Qu'est-ce qui est très curieux dans le mouvement d'un banc de poissons ?

Ils bougent tous en même temps. Comment font-ils ? Comment parviennent-ils à tourner à gauche et à droite simultanément ? Non, il n'y a pas de petit signal sonore envoyé par le poisson de tête. Il n'y a pas de petit code secret non plus. Pas de rayon de lumière ni de délai.

Les poissons tournent au même moment ! Bizarre, non ?

Si votre curiosité est éveillée, vous ne pouvez pas en rester là : vous *devez* trouver une réponse à ce curieux mais combien significatif phénomène. J'aurais bien envie de vous abandonner ici avec le reste de l'explication, mais je serai gentil... cette fois !

S'il n'y a aucun signal apparent pour déclencher un mouvement simultané, c'est qu'il y a forcément une connexion à un autre niveau. Serait-il possible que les poissons partagent le même cerveau ? Absolument !

Les recherches du Dr Rupert Sheldrake, tout particulièrement l'expérience du « 100e singe » – cette fois-ci, vous fouillerez – ont démontré que tous les êtres d'une même espèce sont reliés par un phénomène appelé *champ morphogénétique*.

En d'autres termes, tous les poissons sont reliés par une même fréquence, très, très élevée, et communiquent inconsciemment par impulsions morphogénétiques. Si c'est vrai pour les poissons, c'est aussi vrai pour les humains. Les implications de ce phénomène sont tout à fait extraordinaires !

Imaginez : si nous sommes tous et toutes branchés sur un même cerveau collectif, ça expliquerait pourquoi certaines découvertes scientifiques se font simultanément dans plusieurs pays. Ça expliquerait aussi pourquoi un enfant de trois ans est tout à fait à l'aise avec les 95 boutons du lecteur de DVD alors que nous, adultes, avons encore de la difficulté à trouver la *switch* « on-off » !

Wow ! Les possibilités sont innombrables. J'espère que vous êtes tombé de votre chaise. Sérieusement, imaginez ce que vous pourriez réaliser si vous parveniez à entrer « consciemment » en relation avec le cerveau collectif.

Imaginez les options de vie qui s'offriraient à vous si vous aviez accès à volonté au cerveau cumulatif de tous les humains ? Avez-vous une petite idée de ce que vous pourriez accomplir avec pareil allié ?

Vous croyez sérieusement que les grands maîtres, les gourous du monde de la finance et les grands artistes obtiennent des connaissances, du succès et de l'inspiration par hasard ou par chance ?

Vous pensez qu'ils font de la méditation pour leur image personnelle ?

Pratiquez, vous verrez.

Les serpents des médecins

Un autre *pourquoi* pour vous : pourquoi le symbole de la médecine est-il un bâton entouré de deux serpents avec une paire d'ailes au sommet – mieux connu sous le nom de *caducée ?*

Je doute beaucoup que bien des médecins se soient donné la peine de comprendre leur propre symbole – s'ils le faisaient, l'industrie des médicaments en prendrait pour son rhume.

Et vous, vous êtes-vous déjà posé la question ?

Je vous mets sur la piste : **la transmutation sexuelle** (tiens, revoilà ce petit éclat dans vos yeux). C'est la deuxième fois que j'utilise cette expression dans ce livre, mais je n'en suis pas l'auteur. Napoleon Hill, brillant chercheur qui enquêta sur le succès de 1908 à 1928 en interviewant les 500 plus grands entrepreneurs de son époque, fit lui-même référence à la transmutation sexuelle comme à l'un des plus beaux secrets des leaders du monde.

Je vous donnerai quelques détails (pas plus ; pour les cours pratiques, il faut venir aux séminaires…) dans la section des amplificateurs des lois du Tao des affaires. Pour le moment, je veux vous faire remarquer à quel point votre curiosité fonctionne au ralenti.

Les serpents sont, pour tous les peuples de la terre, un symbole d'énergie sexuelle. Prenez le serpent d'Adam et Ève. Si vous visitez les superbes pyramides à Chichen Itza, au Mexique (attention, les marches sont hautes), vous y trouverez un énorme serpent qui se mord la queue tout en entourant plusieurs pyramides. Vous le reverrez aussi en Inde dans plusieurs temples (même que certains d'entre eux sont exclusivement dédiés à ce que l'on appelle le «phallus de Siva») et en Chine, particulièrement dans ces festivals où l'on danse dans les rues.

Il s'agit du serpent Ouroubouros, représentant l'énergie sexuelle qui fait un cycle complet à l'intérieur du corps, sans être gaspillée.

Le caducée, véritable remède miracle – à l'époque, les médecins ne l'ont pas choisi comme symbole pour rien – signifie la montée de l'énergie sexuelle à travers la colonne vertébrale, pour donner des ailes à l'esprit.

N'est-ce pas qu'un physicien peut être poétique? Je ne suis pas que poétique, j'utilise *vraiment* la transmutation sexuelle.

La télévision : oui ou non ?
La télévision est un remarquable exploit technologique. La télévision est un bel objet de divertissement. Mais la télévision, regardée 35 heures par semaine, est **une plaie sociale.**

Trente-cinq heures par semaine, voilà justement la moyenne d'écoute d'un Nord-Américain typique. Faites-vous partie de la moyenne?

Comment voulez-vous éveiller votre curiosité et développer une vie marquée par l'aventure si vous avez le cordon ombilical relié à la télécommande ? Avouez qu'avec les champs morphogénétiques et la transmutation sexuelle, on est bien loin des téléromans !

Allié nº 2 : l'insécurité

Fort d'une curiosité en éveil, vous êtes de plus en plus prêt à faire le « grand saut ». De quel saut s'agit-il ? Ben voyons, du saut sans parachute !

Si la sécurité est un ennemi juré du succès, l'insécurité en est un puissant allié.

J'espère que vous avez fait l'exercice d'énumérer les cinq plus beaux moments de votre vie pour vous convaincre qu'ils ont tous été le résultat d'un saut dans l'insécurité.

> **Faites-le donc !** Ne vous contentez pas de lire. Mes mots n'ont aucune valeur. Mon point de vue n'a aucune valeur. Rien de ce qui est écrit dans ce livre n'a de la valeur. Seules vos propres expériences comptent.

Ne vous contentez pas de curiosité intellectuelle. La vie terrestre exige l'expérience **matérielle**. C'est pour cela que vous êtes sur cette planète. Vous y êtes par votre propre choix et désir d'expérimentation.

La cité des anges

Il faut trois éléments pour réussir, peu importe ce que l'on entreprend :

1. Vous devez clairement déterminer ce que vous voulez.

Nous ferons plus loin un exercice pour vous y aider, mais vous devez comprendre que si vous n'avez pas de demande précise, **rien ne va changer.** C'est le concept scientifique de l'inertie.

Une grosse pierre qui roule ne va ni changer de direction, ni accélérer, ni ralentir, à moins qu'une force extérieure ne soit appliquée sur elle.

> Vous êtes comme la grosse pierre qui a accumulé l'élan des croyances et des actions du passé.
>
> La seule façon pour vous de donner une autre direction à votre vie est d'appliquer une force sur celle-ci.
>
> Cette force, c'est le choix de ce que vous voulez, déterminé par une pensée claire et forte.
>
> Chaque pensée devient une forme de poussée sur la pierre de votre vie, pour la faire changer de direction.

2. Vous devez croire que c'est possible.

J'ai le regret de vous informer que vous devrez croire dans la possibilité de réussir ce que vous voulez réussir. Vous m'avez bien compris, je parle de *foi*.

Avant de me dire que vous n'avez pas la foi, que vous ne croyez pas en Dieu et que vous êtes athée, permettez-moi de vous convaincre que vous avez la foi.

Tout d'abord, si vous vous définissez comme « athée », vous avez déjà foi en l'absence de Dieu. Une absence complète de Dieu est équivalente à une présence complète de Dieu. En effet, dans les deux cas, vous croyez en quelque chose d'universel. Cette absence ou cette présence peut porter le nom de Dieu. Vous voyez, vous avez la foi malgré tout. Le chaud et le froid sont équivalents dans le monde relatif.

Vous ne pourriez pas vivre sans foi. Pas encore convaincu ? OK.

Vous avez déjà pris l'avion ? Avez-vous interviewé le pilote avant l'envolée ?

Avez-vous vérifié qu'il avait bel et bien un diplôme de pilote ?

Avez-vous vérifié qu'il n'avait pas bu trop d'alcool à l'heure du lunch ?

Avez-vous passé en revue les registres d'entretien de l'avion pour vous assurer que tout était conforme ?

Non ? Ma foi, vous avez toute une foi ! Vous avez mis votre vie entre les mains de parfaits étrangers et vous vous êtes fié à eux.

Je savais bien que vous aviez la foi.

Alors, pour avoir quoi que ce soit, vous devrez d'abord croire que c'est possible.

3. Vous devez sauter dans le vide sans parachute
Ah, ah ! Nous y sommes. Maintenant que vous savez ce que vous voulez et que vous croyez que c'est possible, **il faut sauter !** Il faut vous lancer dans le vide sans savoir comment vous allez y par-

venir. Il faut foncer, sans vous garder de porte de sortie, avec tous vos œufs dans le même panier. **Sans parachute !**

Comme vous aimez le cinéma, je vous propose de voir ou de revoir le film *La cité des anges*, un remake du magnifique film allemand *Les ailes du désir*. Dans ce film, un ange veut devenir humain parce qu'il est tombé en amour avec une médecin. Vous verrez que, pour réaliser son rêve, il devra passer par trois étapes : **choisir, croire et sauter.**

> Vous aussi : choisissez, croyez et sautez. Goûtez à toute l'excitation, à toute l'adrénaline que procure l'insécurité. Faites-le dès aujourd'hui !

La fourmi et la cigale

Je suis à peu près certain qu'à la petite école on vous a bourré le crâne avec les fables de Jean de la Platitude. Vous connaissez ?

Bien sûr que vous connaissez :

La cigale et la fourmi
par Jean de la Platitude

> *La cigale, ayant chanté tout l'été,*
> *Se trouva fort dépourvue quand la bise fut venue.*
> *Pas un seul petit morceau de mouche ou de vermisseau.*
> *Elle alla crier famine chez la fourmi sa voisine,*
> *La priant de lui prêter quelque grain*
> *Pour subsister jusqu'à la saison nouvelle.*
> *Je vous paierai, lui dit-elle, avant l'Oût, foi d'animal,*
> *intérêt et principal.*

La fourmi n'est pas prêteuse ; c'est là son moindre défaut.
« Que faisiez-vous au temps chaud ? dit-elle à cette
emprunteuse.
- Nuit et jour à tout venant je chantais, ne vous déplaise.
- Vous chantiez ? J'en suis fort aise. Eh bien ! dansez main-
tenant. »

Bon, trêve de platitudes, SVP. Bienvenue dans l'univers des fables de Pierre le physicien :

La fourmi et la cigale
par Pierre le physicien

La fourmi, ayant bossé toute sa vie,
Se trouva fort maganée quand la retraite fut venue.
Plus un seul petit morceau d'énergie
Pour profiter des dernières années de sa vie.
Elle alla solliciter de la compagnie chez la cigale sa voisine,
La priant de lui prêter quelques idées pour éviter
de s'ennuyer à mourir.
Je vous paierai, lui dit-elle, à même mes fonds de retraite.
La cigale n'est pas égoïste, c'est là sa moindre qualité.
« Que faisiez-vous plutôt que d'utiliser efficacement votre
temps pour vivre ? dit-elle à cette vieille peau.
- Nuit et jour à tout venant, je travaillais, ne vous déplaise.
- Vous travailliez ? J'en suis fort aise. Eh bien ! regrettez
maintenant. »

Et vive l'insécurité !

Allié n° 3 : la passion active

Je m'apprête maintenant à vous proposer la plus puissante question qu'il m'ait été donné de découvrir en 20 ans.

Si vous osez utiliser cette question sans restriction, votre vic va prendre tout l'envol et toute la gloire qu'elle mérite.

Vous devez trouver la raison pour laquelle vous avez choisi de venir sur Terre. Vous devez **trouver votre rôle dans la vie !**

Votre rôle dans le corpus infinitum
Faisons une analogie.

Imaginez que tous les êtres humains forment un corps, à l'image du corps humain. Nous sommes les cellules d'un corps infini (ou *corpus infinitum*).

Comment appelle-t-on, dans le corps humain, une cellule qui se trouve au mauvais endroit ? C'est exact, un cancer !

Si vous ne jouez pas pleinement votre rôle sur Terre, vous devenez un véritable cancer pour le corps constitué par tous les êtres humains. Et que fait-on d'une cellule cancérigène ? On essaie de la détruire par tous les moyens.

Voilà comment vous finirez si vous ne définissez pas votre rôle au plus vite.

> Si tout va mal dans votre vie, si vos finances, votre couple, votre travail, votre santé et votre vie sociale ne sont pas à votre goût, ne travaillez pas sur les symptômes. Remontez à la vraie cause : **vous n'êtes pas au bon endroit !**

Trouvez votre rôle au plus vite et abandonnez tout le reste dès maintenant. Ne vous cachez pas derrière des phrases comme « Oui, mais j'ai des responsabilités » pour fuir votre rôle.

N'attendez pas de gagner à la loterie en disant « Quand j'aurai de l'argent, je ferai ce que j'aime. » Ça ne viendra **jamais.**

Tout l'or du monde
Voici *la* question à vous poser.

Surtout, ne vous attendez pas à trouver la réponse d'un coup (tant mieux si vous y parvenez). Certains (dont moi) ont consacré quelque six mois de leur vie à tenter de trouver la réponse.

Roulement de tambours. Trrr rrrr rrrr rrr rrr rrr ! **Que feriez-vous si vous aviez tout l'or du monde ?** Que feriez-vous si vous pouviez faire apparaître l'argent en claquant des doigts ? Que feriez-vous après les 12 maisons, les 14 voyages et les 28 voitures de luxe ?

> Découvrez ce que vous feriez si vous aviez tout l'or du monde. Faites-le. Vous aurez tout l'or du monde.

L'argent vient comme une conséquence à qui joue son rôle sur Terre.

En d'autres mots, l'argent ne viendra dans votre vie que lorsque vous aurez compris que, plus vous jouez votre vrai rôle, plus vous contribuez au succès de tout le *corpus infinitum*. En effet, plus vous contribuez à la santé du corps composé par les êtres humains et plus ce corps vous envoie du « sang ».

L'argent est comme le sang. Une cellule du corps qui joue efficacement son rôle reçoit des litres de sang frais, bien oxygéné, chaque jour.

Pour croître, le sang doit **circuler**. Vous en connaissez beaucoup des cellules du corps qui accumulent dans une petite poche du sang, juste au cas où elles en manqueraient plus tard ? Nous, nous appelons ça un fonds de pension ou un REER.

Plus vous jouerez votre rôle, plus le pendule reviendra vers vous avec force. C'est par votre rôle que vous maximiserez votre contribution à l'univers. Par conséquent, **c'est en jouant votre rôle que vous récolterez le maximum de fruits.**

Ne comptez pas, ne planifiez pas, ne vous protégez pas.

Jouez votre rôle, encore et encore. Jouez votre rôle et demandez gros.

L'orgasme permanent
Éliminez l'argent de l'équation. L'argent n'est jamais un bon guide. Il n'est qu'un outil. Cessez d'en faire une destination.

Ne me dites pas : « Pierre, si j'avais tout l'or du monde, je ferais des placements. » Comment ça, des placements ? Vous ne m'avez pas compris. Vous pouvez faire *apparaître* l'argent. Pourquoi voudriez-vous un rendement sur des placements?

Ne me dites pas non plus : « Pierre, j'ai tellement travaillé dans ma vie que si j'avais tout l'or du monde, je ne ferais plus rien ! »

Comment ça, ne plus rien faire? Si vous ne faites plus rien, vous mourrez d'ennui. La retraite marque le début de la fin. Je parle bien sûr de la retraite en pensant à votre vrai rôle. Pas de la retraite d'un travail étouffant que vous n'auriez jamais fait si vous aviez eu tout l'or du monde.

Prenez immédiatement votre retraite de ce type de travail et commencez à jouer votre vrai rôle tout de suite.

Ce n'est pas un travail que vous cherchez. **C'est l'aventure de votre vie !**

Comment faire pour savoir si vous avez vraiment trouvé *le* rôle de votre vie?

> Trouver son rôle dans la vie, c'est comme atteindre l'orgasme. Si vous vous demandez si vous l'avez atteint, **ce n'est pas ça !**

ACTION !

GO, GO, GO !

Votre artillerie de base est maintenant en place. Vous avez les bons états d'esprit, vous savez reconnaître les ennemis et vous avez identifié les meilleurs alliés.

Il est temps de passer à l'action.

Dans cette section du livre, je vais vous donner les autres munitions qui vous permettront de bâtir votre vie de rêve.

Surtout, **ne réfléchissez pas trop longtemps** aux concepts présentés. Les concepts ne valent rien en soi. Bougez ! Bougez sans crainte de vous tromper.

> Les meilleurs joueurs de baseball ratent leur coup 7 fois sur 10.
>
> Mais ils se présentent 10 fois au bâton !

Go, go, go ! Déposez le livre et téléphonez tout de suite à quelqu'un. Allez, allez : faites un appel de votre choix **pour mettre en marche la réalisation d'un de vos désirs.**

J'irai vous sortir moi-même de votre fauteuil s'il le faut. Après tout, j'ai trouvé *mon* rôle dans la vie : vous botter le derrière !

LE TAO : LA RECHERCHE DE L'ÉQUILIBRE

Une vie couronnée de succès exige **de l'équilibre.**

Le problème, c'est que, pour la majorité des individus, *équilibre* veut dire *conservatisme.* Ce n'est certainement pas le genre d'équilibre qui rime avec « succès ».

Chercher l'équilibre ne veut pas dire « vouloir une vie ennuyante ». Prenez par exemple la grande planche qui pivote sur un axe avec un enfant à chaque extrémité dans les terrains de jeux. Il y a plusieurs façons d'atteindre l'équilibre à ce jeu.

Vous pourriez mettre deux enfants de même poids à un pied de chaque côté du centre et l'équilibre serait atteint.

L'équilibre serait peut-être atteint mais le jeu serait d'un ennui mortel.

Les enfants se placent aux extrémités de la planche parce que c'est beaucoup plus le *fun* comme ça.

Si vous cherchez l'équilibre, c'est parfait. Mais bon Dieu, trouvez l'équilibre **dans les extrêmes.**

> Les gens qui ont les plus belles vies sont des **extrémistes équilibrés.**

Les autres, direz-vous ? Dans la vie, il y a ceux qui **font**, il y a ceux qui **regardent** et il y a ceux qui **se demandent ce qui s'est passé** !

Les 3 axes

Le mot *Tao*, d'origine asiatique, veut justement dire *équilibre*.

Le *Tao des affaires*, c'est la recherche de l'équilibre **dans toutes les affaires de votre vie.**

Pour aider le cerveau et l'intellect à saisir ce concept bien particulier, il est utile de faire des catégories. Ces catégories n'existent pas réellement. Elles servent simplement de balises pour favoriser notre compréhension.

L'intuition n'en a pas besoin ; le cerveau, si. Tant que vous n'aurez pas mis votre cerveau à la poubelle, nous aurons besoin de concepts pour progresser. Par exemple, la nature n'a pas vraiment séparé les états des corps en « solide », « liquide » et « gazeux ».

Pour la nature, l'échelle de fréquences oscillatoires qui régit ces états est continue. C'est *nous* qui avons créé ces catégories pour comprendre les phénomènes naturels.

De la même manière, nous faisons une différence intellectuelle entre le matériel, l'intellectuel et le spirituel. En réalité « absolue », il n'y a pas de différence.

Le matériel est spirituel, l'intellectuel est matériel et le spirituel est matériel et intellectuel. Il n'y a qu'une seule immense conscience.

Même que les physiciens qui étudient l'infiniment petit arrivent maintenant à la conclusion, dans les laboratoires de physique atomique, que **l'acte d'observer une particule lui donne naissance.**

Lorsqu'on la regarde, pouf, la particule apparaît ! Si on ne la regarde plus, hop, elle disparaît. Fascinant, n'est-ce pas ?

> La conclusion : l'observateur, l'acte d'observer et l'objet observé ont une action **simultanée.** Chacun donne naissance instantanément aux deux autres.

L'observateur, c'est votre vrai vous, le côté spirituel.

L'acte d'observer se fait par l'intellect.

Les objets observés sont représentés par le monde matériel.

Si vous saisissez bien le sens de cette conclusion, jadis donnée par les maîtres spirituels et confirmée par les physiciens les plus sceptiques, tout se passe **au niveau de vos pensées.**

Celui qui pense, l'acte de pensée et la pensée comme telle sont trois facettes d'une seule et même réalité. Vous n'*êtes* surtout pas vos pensées ! Vous pouvez d'ailleurs vous exercer à vous observer penser.

Descartes a émis un bien drôle de point de vue lorsqu'il a écrit : « Je pense, donc je suis. » À mes yeux, il aurait dû affirmer : « Je suis, donc j'ai la possibilité de penser. »

Comme nous ne sommes pas nos pensées, nous pouvons *être* sans penser. Nous le faisons chaque nuit, dans la phase de sommeil profond.

Si nous considérons le rêve, nous pouvons conclure que nous ne sommes pas notre corps. Considérant la phase de sommeil profond – sans rêve –, nous pouvons dire que nous ne sommes pas non plus nos pensées. Tout ce que nous savons, c'est que nous avons « bien dormi ». Ainsi, nous *étions*, même en l'absence de pensées.

Il y a d'ailleurs une sorte d'espace entre deux pensées, un vide, une pause.

Cet espace, **c'est votre vrai vous.** Le vous créateur. Le vous « Dieu ! » (ouf, nous faisons un grand saut ici, tant pis).

Notre objectif est donc de vous amener à utiliser vos pensées pour équilibrer toutes les facettes de votre vie et vous permettre de vivre le Tao des affaires.

LA SÉLECTION DES DÉSIRS

C'est le moment de choisir ce que vous désirez. Après tout, vous êtes en vacances. Donnez-vous-en à cœur joie !

Trouver le rôle de votre vie en vous posant la question « Qu'est-ce que je ferais si j'avais tout l'or du monde ? » vous donne le fil conducteur de votre existence. Ensuite, vous devez mettre du piquant dans le voyage en facilitant la concrétisation de vos désirs.

Certaines écoles de pensées, dont l'école bouddhiste, recommandent **la suppression et l'élimination des désirs.** C'est un chemin légitime et efficace pour atteindre l'état de « bonheur ». Je le trouve quant à moi extrêmement pénible. Bien que le chemin de Bouddha soit une option valable, ce n'est pas l'option que je préfère.

Il y a d'autres chemins. Je connais plusieurs façons de gravir la montagne. Si vous rencontrez un soi-disant maître qui vous dit que seul *sa* façon permet de trouver le chemin du Paradis, fuyez sans vous retourner.

Les vrais maîtres, et j'en ai rencontré quelques-uns, vous diront qu'il y a **plusieurs chemins.** Ils vous parleront de leur préférence et ensuite, vous diront d'en tester d'autres dans le but de faire le choix qui vous convient le mieux.

Moi, je préfère **le sentier des désirs.** De mon point de vue, il n'y a pas de meilleure façon d'éliminer les désirs que de les satisfaire. Mettez un couvercle sur vos désirs et vous leur donnerez de la puissance. Un jour, ils vous sauteront en plein visage.

L'argent ne fait pas le bonheur, pour ça, vous avez raison. Mais si vous n'êtes pas passé par un stade de richesse, vous n'en serez jamais vraiment convaincu. Si vous ne le *vivez* pas, vous ne le *saurez* pas.

Les maisons, les voitures de luxe et les voyages ne font pas le bonheur. Mais tant que vous n'y avez pas pleinement goûté, vous n'en serez pas non plus profondément convaincu.

Pour atteindre le bonheur absolu, vous devrez être profondément convaincu que celui-ci se trouve ailleurs que dans le monde de la dualité. Aussi bien y aller à fond de train et satisfaire vos désirs au plus vite.

Selon moi, le chemin le plus rapide vers Dieu est de suivre la piste de vos désirs. Qu'est-ce qui vous dit par ailleurs que vos désirs ne viennent pas de lui, enfin, de vous… enfin… de vous deux ?

Onde ou particule

Pour vous amener à choisir vos désirs et à comprendre toute l'importance de la maîtrise de vos pensées et de vos émotions, permettez-moi de vous décrire quelques éléments de la physique moderne.

En passant, si vous n'avez pas aimé la physique à l'école, c'est que vous aviez un professeur conceptuel ou ennuyant. Croyez-moi, c'est sans contredit la plus belle des sciences !

La preuve : saviez-vous qu'une particule se comporte à la fois comme une particule et comme une onde ? Autrement dit, un électron est non seulement une petite boule solide (en vérité, pas tout à fait solide), mais il est également une onde semblable à une onde radio. Les deux à la fois !

Comme vous êtes constitué de particules qui se comportent à la fois comme des boules de billard et des ondes radio, vous aussi êtes à la fois solide et ondulatoire.

> En d'autres termes, vous êtes assis à lire ce livre tout en ondulant simultanément partout ailleurs. Allez, prenez une gorgée de ce que vous buvez pour avaler ça !

Heisenberg, un génie, a découvert au XXe siècle qu'il est impossible de préciser à la fois la vitesse et la position d'une particule. Si on sait où se trouve une particule, on ne connaît pas sa vitesse. Si on connaît sa vitesse, on ne sait pas où elle est. C'est le fameux **principe d'incertitude,** dont la découverte lui valut le prix Nobel de physique.

Bref, ce que cela signifie pour vous et moi, c'est que **toutes les possibilités existent simultanément.** Vous pouvez choisir ce que vous voulez, cela existe déjà dans l'univers des probabilités.

Tout est déjà programmé.

Toutes les vies se tournent simultanément.

Faites votre choix !

Vous faites justement votre choix par vos pensées. Vos pensées agissent exactement comme une télécommande de téléviseur. Lorsque vous regardez la télévision, toutes les émissions jouent en même temps, même si vous n'en regardez qu'une seule.

Dès qu'une émission ne vous plaît plus, vous appuyez sur les boutons de la télécommande et hop, un nouveau poste. **Vous pouvez faire la même chose avec votre vie.** Ce n'est ni plus long ni plus difficile que de changer de chaîne de télévision. Il suffit simplement d'appuyer sur le bouton.

Ainsi, dès qu'une série d'événements ne vous plaît plus, changez de canal en changeant le focus de vos pensées. Par exemple, tant que vous garderez votre esprit concentré sur vos problèmes d'argent, vous continuerez à regarder cette émission.

Pour éliminer les dettes de votre vie, vous devez d'abord **les libérer de votre esprit.** Vous devez mentalement les remercier pour les expériences qu'elles vous ont permis de vivre puis leur dire que vous n'avez plus besoin d'elles. Leur dire que vous êtes prêt à passer à autre chose.

Bref, considérez votre vie comme un immense club vidéo.

Vous choisissez une vidéocassette et l'insérez dans le lecteur. Tous les autres films sont à votre disposition, quand vous le voulez. Toutes les vidéocassettes sont aussi faciles les unes que les autres à faire jouer.

Tous les scénarios existent.

Il y a même des amateurs de films d'horreur. Chacun ses goûts !

Contrôlez vos pensées

Tout se passe vraiment dans votre monde intérieur.

Je sais que vous êtes habitué à penser que le monde extérieur *précède* le monde intérieur. Mais il n'en est rien.

Ce que vous choisissez de vivre dans votre monde intérieur doit – c'est une loi universelle – se manifester dans le monde physique. Plus vos pensées seront puissantes, précises et sans bruit de fond, plus leur manifestation physique sera rapide.

À la limite, vous pourriez littéralement matérialiser ce que vous voulez par vos simples pensées. Mais il vous faudrait beaucoup, beaucoup d'énergie et de pouvoir de concentration.

Une pensée est une onde

Avec la formule d'Albert Einstein ($E = mc^2$), il est universellement accepté que toute matière est énergie concentrée. Une pensée est une onde énergétique et, par conséquent, si cette onde était suffisamment puissante, elle deviendrait matière. C'est une loi de la physique.

D'où l'importance de vous observer penser.

Ce n'est pas par hasard que la plupart des humains ont tant de problèmes dans la vie. Vous n'avez qu'à observer les pensées qu'ils ruminent continuellement. Toujours du négatif : « Tout va mal, j'ai des dettes, mes enfants se couchent trop tard, mon patron est un tortionnaire, etc. »

Cela dit, je ne vous dis pas d'utiliser la simple pensée positive. Je vous dis plutôt d'appliquer des principes de physique quantique reconnus. Les ondes énergétiques deviennent matière **lorsqu'elles sont suffisamment puissantes** (ou répétées).

La règle fonctionne tout autant pour les pensées positives que pour les négatives. Mieux encore, les effets sont cumulatifs !

> Chaque fois que vous pensez à quelque chose, votre cerveau émet une onde. Cette onde s'ajoute à toutes les autres que vous avez émises auparavant et à celles qui sont émises par les autres personnes. Lorsque la somme des ondes est suffisamment grande, **il y a assez d'énergie pour que la demande se matérialise.**

Jésus l'a dit : demandez et vous recevrez. Vous demandez par vos pensées répétées. À force de croire qu'il faut travailler fort dans la vie, vous vous êtes bâti un environnement où, de fait, vous travaillez fort. Mais ne vous en plaignez surtout pas. Après tout, **c'est vous qui l'avez demandé !**

Utilisez l'antenne vertébrale

Dans votre colonne vertébrale, il y a plus de 13 kilomètres de fils électriques.

Je ne vous apprendrai probablement pas grand-chose en vous disant que lorsqu'un courant circule dans un fil électrique, un champ magnétique est instantanément créé autour de ce même fil et a un mouvement circulaire perpendiculaire au sens du courant.

Les moteurs électriques fonctionnent également selon ce principe. Mieux que ça, lorsque le champ magnétique généré par un courant électrique frappe un autre fil électrique, **il induit un courant dans cet autre fil** sans que ceux-ci aient été en contact direct.

Ainsi, chaque fois que vous pensez à quelque chose, vous créez un courant électrique dans votre système nerveux. Ce même courant électrique crée un champ magnétique qui crée à son tour un flux électrique dans le système nerveux des autres, par induction. Comprenez-vous pourquoi l'humeur est contagieuse ?

Allons plus loin : plus vous avez d'énergie, plus les champs magnétiques que vous générez sont puissants, plus les autres reçoivent votre signal avec force. Les personnes qui ont beaucoup de charisme utilisent inconsciemment cette loi scientifique. Ça explique beaucoup de choses, n'est-ce pas ?

Vous allez prendre le téléphone pour appeler quelqu'un, le téléphone sonne au même moment et c'est la personne à qui vous vouliez parler. Est-ce un hasard ? Non. Vous avez capté son onde magnétique, c'est tout.

Votre colonne vertébrale est une véritable antenne émettrice-réceptrice au moyen de laquelle vous émettez et recevez des ondes ou pensées. Le long de cette antenne, il existe sept nœuds (souvent appelés *chakras* ou *roues*) dont la concentration en terminaisons nerveuses est plus grande.

De nombreux ouvrages populaires traitent des chakras, mais très peu y font référence de manière scientifique. En gros, chacun de ces centres nerveux agit littéralement comme un téléphone mobile ; ils sont en mesure de recevoir certaines plages de vibration.

Sans entrer dans la mécanique complexe, disons que le nœud du bas (les sept centres se situent à la hauteur du coccyx, des organes génitaux, un peu au-dessous du nombril – siège du *chi* ou énergie –, au plexus solaire, au cœur, à la gorge, entre les sourcils – le « troisième œil » – et au sommet de la tête) est en relation **avec les fréquences de protection et de sécurité.**

Comme les nœuds (roues ou chakras) sont intimement reliés à la colonne vertébrale, soit à l'extraordinaire réseau de fils électriques du corps humain, ils constituent aussi les mécanismes de contrôle les plus efficaces de l'antenne du corps. S'ils sont adéquatement développés, ils permettent un contact de plus en plus direct avec le cerveau collectif décrit plus tôt.

L'étoile des rêves

Maintenant que vous saisissez le principe scientifique, il est temps de l'utiliser.

Deux choses à faire :

Choisir les ondes de pensées en fonction de vos désirs.

Amplifier ces ondes en augmentant votre énergie et en minimisant les interférences.

Simple.

Pour le choix des désirs, je vous propose la méthode de l'*étoile des rêves.*

Prenez une feuille et tracez-y une étoile à cinq pointes (un pentagramme) pointant vers le haut.

Comme nous cherchons le « Tao » ou l'équilibre, nous décomposerons les choix d'objectifs en cinq grandes catégories en vue de couvrir tout l'éventail des possibilités.

Au-dessus de la pointe du haut, écrivez **spiritualité.**

Au bout de la première pointe en haut à droite, écrivez **personnes et vie.**

Au bout de la pointe du bas, à droite, écrivez **argent, choses et loisirs.**

Au bout de la pointe du bas, à gauche, écrivez **développement per-sonnel.**

Finalement, complétons l'étoile en écrivant au bout de la pointe du haut, à gauche, **projets.**

Voilà.

Vous allez maintenant prendre cinq autres feuilles et inscrire **une des catégories** comme titre sur chaque feuille (une catégorie par feuille).

Bien. Procurez-vous un chronomètre, un cadran ou une montre. C'est la seule fois où vous aurez le droit de l'utiliser.

Vous ferez l'exercice en vous chronométrant.

Prenez la feuille intitulée « Argent, choses et loisirs ».

Vous avez trois minutes pour écrire toutes les choses que vous aimeriez obtenir dans votre vie et qui entrent dans cette catégorie. Les voitures, les voyages, les maisons, les collections, les bijoux, les revenus, les avions, les chaînes stéréo, tout ce qui est relié aux choses et aux loisirs.

Ne vous assignez aucune limite. Tout est permis. Toutes les options existent simultanément – rappelez-vous le club vidéo.

De grâce, rêvez en couleurs ! Est-ce que vous avez encore une télévision en noir et blanc à la maison ?

À vos marques, prêt, écrivez le plus vite possible tout ce qui vous passe par la tête pour cette catégorie !

***

Parfait.

Passons maintenant à la deuxième feuille, celle du « Développement personnel ».

Même directive : vous avez trois minutes pour inscrire vos rêves les plus fous reliés au développement personnel : apprendre l'espagnol, le piano, la magie, le jardinage, la transmutation sexuelle, le tir à l'arc, devenir plus flexible ou plus musclé, etc.

Prenez votre crayon, pas de limites. Go !

***

Bien.

Troisième catégorie : « Projets. »

Cette catégorie est celle des projets de travail – autant que possible, liés à votre rôle sur Terre, pas à votre maudite job plate : lancer une entreprise, fonder une œuvre de charité, écrire un livre, produire un CD de musique, bâtir une maison, ouvrir une école.

Reprenez votre souffle et allez-y ! Vous avez trois minutes.

***

Quatrième catégorie : « Personnes et vie. »

Ici, vous y allez avec tous vos objectifs ayant un rapport avec les êtres vivants : avoir ou adopter un enfant, choisir un animal, vous occuper de votre grand-mère, devenir membre de l'organisation des Grands Frères, vous marier, etc.

C'est parti pour trois autres minutes !

***

Dernière catégorie : « Spiritualité ».

C'est probablement la plus difficile mais elle est aussi importante que les autres si vous souhaitez atteindre l'équilibre et le succès. Des exemples : rencontrer un maître, trouver le chemin vers Dieu, lire la *Bhagavad Gita*, pratiquer la méditation, etc.

Un dernier trois minutes de réflexion !

***

Avouez que ça fait du bien de se laisser aller et de rêver en couleurs.

Laser ou ampoule

Vous avez donc en main une liste de rêves (j'espère qu'il s'agit de rêves d'envergure). C'est parfait.

Dites-vous qu'un rêve est assez gros **s'il vous excite et vous fait peur.**

> Si vos rêves ne vous effraient pas, ils sont trop petits !

Il faut maintenant faire des choix. Toutefois, avant de faire des choix, vous devez apprendre à maîtriser l'interminable flot de pensées de votre cerveau qui vous fait continuellement perdre votre énergie.

Vous voyez une personne aux cheveux bleus sur le bord de la route et c'est parti : vous pensez à votre rendez-vous chez le coiffeur, puis à votre belle-sœur dont les cheveux sont passés au vert lorsqu'elle s'est baignée dans une piscine trop chlorée, vous enchaînez avec le cours de natation de votre plus jeune ce jeudi qui est en conflit avec votre soirée de tennis, puis votre raquette qui a besoin de réparation, etc. Vous n'arrêtez pas de penser.

Stop !

Vous commencez vos journées avec 78 choses à faire, vous êtes toujours interrompu par le téléphone ou par les courriels, vous courez dans toutes les directions à la fois et vous vous demandez encore pourquoi tout prend autant de temps à aboutir ?

Je vous invite à vous convertir. Vous êtes une ampoule ? Transformez-vous en laser.

Une ampoule diffuse son énergie dans toutes les directions. Ce faisant, ses rayons ne parviennent pas même à percer une feuille de carton. Un laser, avec la même quantité d'énergie, peut passer à travers une feuille de métal parce que son énergie est entièrement concentrée sur une même « longueur d'onde ». Chaque onde ou vibration de l'univers oscille à une certaine fréquence et peut être représentée par une courbe en forme de « S » d'une certaine longueur. Plus elle est courte, plus la fréquence est élevée.

Par analogie, si vous regardez les cordes d'un piano, vous remarquerez que les notes les plus aiguës sont produites à l'aide des cordes les plus courtes. Une note plus aiguë vibre donc plus rapidement.

Même chose pour la lumière. Une ampoule diffuse un nombre très élevé d'ondes lumineuses de longueurs différentes, et ce, simultanément. Comme il y a plusieurs ondes distinctes, certaines ont un effet contraire sur les autres et annulent leur puissance. Résultat : une puissance modeste, dans toutes les directions.

Par opposition, un laser, grâce à un jeu de lentilles complexes, isole un seul type d'onde lumineuse et l'amplifie considérablement dans une seule direction, ce qui explique toute sa puissance.

> Devenir un laser au lieu d'une ampoule signifie **devenir un véritable obsédé !**

Lorsque quelque chose devient une obsession au point où vous ne pouvez plus penser à rien d'autre, votre cerveau se transforme en laser. Vos pensées reçoivent alors un maximum de puissance. Elles émettent un champ magnétique de grande amplitude et votre désir se matérialise beaucoup plus rapidement.

Si vous voulez accomplir quelque chose de valable, vous devrez vous habituer à fermer vos portes d'accès, à réduire les pertes d'énergie mentale.

Prenez l'écriture de ce livre. Je me suis enfermé pendant cinq journées entières, sans téléphone et sans courriel. Totalement concentré sur ce projet.

Si j'étais à mon bureau, je n'écrirais pas deux mots sans être interrompu.

Je vous invite à faire l'expérience suivante. Essayez de ne plus parler le lundi, pendant quatre semaines. Pas un seul mot de toute la journée.

Comme vous ne parlez pas, vous ne serez pas tenté de répondre au téléphone et les gens comprendront vite que le lundi, vous ne voulez pas être dérangé. Je parie que vous accomplirez tout votre travail de la semaine en une seule journée, tellement vous aurez de l'énergie et serez concentré.

Mieux encore, si vous voulez vraiment pousser l'expérience au bout, ne mangez pas non plus. Buvez simplement de l'eau.

Vous n'aurez jamais eu autant d'énergie. Pourquoi? Pas d'importance : **faites-le !**

Autre expérience : levez-vous le matin avec une seule question à résoudre pour toute la journée.

Dites-vous : « Aujourd'hui, je veux régler ceci » et suivez toute la journée la piste des « coïncidences » (un concept auquel je reviendrai) reliées à cette seule préoccupation. **Tout le reste peut attendre à demain.** N'est-ce pas que votre vie se transforme à une vitesse folle lorsque votre cerveau se transforme en laser ?

Comme nous voulons tout de suite faire de votre cerveau un laser, vous devez maintenant choisir quels rêves vous souhaitez réaliser en premier. Considérant ce que nous venons de dire, vous ne pouvez pas devenir un laser si vous choisissez une douzaine de rêves à la fois.

Après avoir essayé plusieurs options (3 rêves par catégorie pour un total de 15, 5 rêves dans une seule catégorie, etc.), j'ai conclu que j'étais beaucoup plus efficace lorsque je ne choisissais qu'un seul rêve à la fois.

À vous de trouver ce qui vous convient le mieux, en tenant compte du principe du laser.

Les questions et les affirmations

Avant de poursuivre la lecture de cette section pratique, vous avez besoin de choisir **un désir.**

Assurez-vous que ce désir soit très précis. Par exemple, avoir une maison n'est pas suffisamment précis : je veux savoir quelle est la grandeur du terrain, de quelles couleurs seront les murs, combien de pièces, quel modèle de céramique dans la salle de bain, tout !

Si votre désir est flou, vous n'émettrez que des ondes vagues et n'obtiendrez pas les résultats escomptés. Faites vos devoirs.

Une fois votre désir bien cerné, vous avez le choix entre deux approches : **les questions ou les affirmations.** La première approche consiste à poser des questions à l'univers et à rester conscient du moment présent pour obtenir les réponses.

> Ces réponses proviennent toujours de signes et de coïncidences indéniables.

Au fond, il n'y a pas de « coïncidences ». Les événements qui vous semblent étranges sont là pour vous réveiller, pour vous sortir de votre torpeur.

Si vous rêvez à un vieil ami que vous n'avez pas vu depuis 10 ans et que vous le rencontrez le lendemain, annulez tout. Oubliez tout le reste de votre horaire et passez la journée avec lui : il a votre réponse.

Vous ne me croyez pas ? Je m'en fiche : essayez !

L'approche par question consiste à **écrire** une question précise et à surveiller la réponse. Une question comme « Quel est le meilleur type de piano pour moi et la famille ? »

> Vous utilisez la méthode des questions si vous n'êtes pas tout à fait certain du choix à faire.
>
> Si, au contraire, vous savez très précisément ce que vous voulez, utilisez l'autre méthode : celle des **affirmations.**

La méthode des affirmations découle du principe suivant : « Ce que vous demandez en prière, croyez que vous l'avez déjà reçu et vous le recevrez. » Vivez comme si votre désir s'était déjà réalisé.

Allez, jouez-vous la comédie, amusez-vous ! Passez devant le salon et exclamez-vous : « Comme il est magnifique notre piano à queue de marque Steinway, n'est-ce pas chérie ? »

Agissez comme si la situation ou l'objet était déjà là, devant vous.

Vous comprenez peut-être mieux maintenant pourquoi cette recommandation (elle vient elle aussi du Christ, en passant) est efficace. En vivant comme si vous possédiez déjà l'objet de vos désirs, vous émettez une onde amplifiée et maintenue **et le tout se matérialise.**

Jésus ne lançait pas des paroles en l'air. Il faisait de la physique quantique.

LES PRATIQUES ET MESURES DE SUCCÈS

Terminons cette section par quelques conseils additionnels.

Vous avez déjà beaucoup de pain sur la planche et vous ne pouvez pas passer votre vie à lire des livres. Résumons donc l'approche globale de « Demandez et vous recevrez ».

Comprenez que vous avez beaucoup de chance. Vous êtes *le* spermatozoïde élu : vous avez gagné un voyage extraordinaire au paradis terrestre.

Tout ce que vous vivez est le reflet de vos demandes et de vos croyances. Faites le nécessaire pour utiliser des croyances utiles.

Chaque individu a toujours raison, de son propre point de vue. Cessez de gaspillez vos énergies à argumenter avec les autres. Gardez vos rêves pour vous.

Développez les quatre états d'esprit préalables au succès en mettant en pratique un état d'esprit pour chaque semaine du mois : le test, l'intuition, l'âge mental de quatre ans et le mental téflon.

Défiez les cinq ennemis du succès et apprenez à reconnaître vos faiblesses.

Développez les trois alliés du succès : curiosité, insécurité et passion active.

En ce qui touche la passion active, trouvez au plus vite votre rôle dans cette vie et lancez-vous. Sans parachute.

Choisissez vos désirs pour chacune des cinq catégories de l'étoile des rêves.

Domptez votre cerveau pour qu'il agisse en laser. Ne vous concentrez que sur un nombre limité de désirs et de tâches à la fois.

Utilisez la méthode des questions ou la méthode des affirmations pour savoir « comment » votre désir se matérialisera, en prêtant attention aux coïncidences et aux signes particuliers, l'esprit bien maintenu dans l'instant présent.

C'est le chemin que nous avons parcouru jusqu'à présent.

Cette approche globale détaillée se résume bien sûr par « Demandez et vous recevrez ». Mais bon. C'est vous qui avez voulu vous taper une lecture de 175 pages !

Remarquez, bâtir sa foi demande parfois un peu de travail quand même.

Encore quelques suggestions puis nous passerons **en mode turbo.**

Silence !
Vous n'avez rien à gagner en partageant vos rêves et vos désirs avec les autres. Au contraire, **vous avez tout à perdre.**

Chaque pensée que vous avez agissant comme une onde, la dernière chose que vous voulez, c'est qu'une autre personne émette une onde inverse et annule l'effet de la vôtre.

Si vous voulez une maison, vous devez éviter d'en parler au cas où quelqu'un sèmerait le doute dans votre esprit en vous disant des trucs du genre : « Ah ! tu sais, une maison, c'est beaucoup d'entretien. Et puis c'est embêtant lorsque tu pars en voyage. Tu dois faire tondre ta pelouse par quelqu'un, demander aux voisins de surveiller la propriété. Je te le dis, c'est un paquet de troubles. »

Si vous acceptez ne serait-ce qu'un soupçon de doutes, vous venez de détruire votre onde. Terminé, on remballe tout !

> **Gardez le silence sur vos désirs.**

Le miroir 3D de votre « vie »

Apprenez à observer et à interpréter tout ce qui vous arrive. Comme vous savez maintenant que les réponses et la piste à suivre se manifesteront par des événements « hors du commun », soyez alerte. Soyez dans le présent, soyez conscient.

Apprenez aussi à reconnaître que **tout ce que vos yeux vous montrent est le miroir de vos pensées.**

Si votre partenaire se lamente sans cesse à propos des finances du foyer, demandez-vous si vous n'avez pas honnêtement les mêmes tourments en vous. Fouillez dans la caverne de vos émotions pour voir si vous ne souffrez pas vous-même d'insécurité financière.

Dites-vous que si vous n'aviez aucune difficulté avec les finances, votre univers externe ne vous en parlerait tout simplement plus. Tout, tout, absolument tout ce que vous montrent vos sens est un reflet de vos propres croyances, de vos propres pensées et de vos propres craintes.

En voyant les choses de cette façon, vous pouvez progresser très rapidement en vous fiant aux événements que vous vivez de façon répétitive pour mieux comprendre le chemin que vous avez fait et qu'il vous reste à faire.

La Porsche d'André

Un de mes bons amis avait comme rêve d'acheter une Porsche. Pendant plus de 20 ans, il a cherché à embouteiller ce rêve et à l'éjecter de sa conscience, jugeant l'achat exagéré, croyant qu'il ne méritait pas de posséder une telle voiture.

Rien à faire, le rêve refaisait toujours surface. Une véritable obsession. Sauf qu'André, toujours pas convaincu de sa capacité à payer le véhicule (l'excuse classique), cherchait l'appui de sa femme. Fidèle miroir, cette dernière était, bien sûr, catégoriquement opposée à cette « folie ».

Tu parles d'un cercle vicieux. Chaque fois que je voyais mon ami, je l'incitais à se décider, à plonger dans le vide, lui promettant que non seulement l'argent viendrait tout seul mais que sa femme cesserait de lui casser les oreilles avec cette « folie » une fois qu'il aurait **lui-même** décidé qu'il méritait cette voiture et que plus rien au monde n'allait l'empêcher de se la procurer.

Finalement, la bouilloire a sauté. Il s'est rendu chez le concessionnaire et a acheté la fameuse Porsche. Lorsqu'il est venu me montrer la voiture le surlendemain, il avait les yeux pétillants comme un enfant. C'était drôle !

Un mois plus tard, il me confia qu'on ne le traitait plus de la même manière, qu'il pouvait facilement vendre ses contrats au double du prix et que, miracle des miracles, sa femme avait complètement changé d'attitude à l'égard de la voiture. Elle avait développé un goût soudain… pour le magasinage en Porsche !

Les démons sont en vous. Les gens qui vous entourent ne sont que des miroirs. Dans cet ordre d'idées, les membres de votre famille sont extrêmement précieux, mais ils peuvent aussi se révéler extrêmement cruels.

Bref, plus ils sont proches de vous et plus ils vous recracheront en plein visage vos propres craintes et vos propres peurs. Avant de les critiquer ou de les fuir, **entrez dans votre monde intérieur et faites un peu de ménage.**

Je vous le garantis, le paradis terrestre est un endroit vraiment extra-ordinaire.

LES LOIS DU TAO
DES AFFAIRES

UN UNIVERS MATHÉMATIQUE

Ce que nous avons vu jusqu'à maintenant est suffisant pour vous permettre de vivre une expérience fascinante au paradis terrestre.

Cela dit, dans le but d'être certain d'avoir donné assez d'arguments à votre cerveau rationnel, je me permets de vous brosser la toile de fond du fonctionnement de l'univers. Je le fais évidemment selon ma compréhension, mes expériences et mes recherches.

La précision et la mathématique de l'univers sont vraiment impressionnantes. La science nous révèle chaque jour que notre compréhension intellectuelle des mécanismes de la nature est presque inexistante. Imaginez un peu : nous vivons au milieu de milliers, voire de millions de planètes et de galaxies !

Le gigantisme de l'univers me fait croire que l'aventure n'aura pas de fin. Que je pourrai croître vers des défis encore plus grands quand j'aurai épuisé les expériences possibles dans l'île du paradis terrestre.

D'ailleurs, dans toutes les religions que j'ai étudiées, je retrouve le même principe, formulé de diverses façons : un jour ou l'autre, il faut être prêt à quitter l'île du paradis terrestre et **passer à autre chose.** À quoi exactement ? C'est difficile à dire. La réponse dépend de votre conception du tourisme !

Par exemple, on peut imaginer un univers où la dualité serait remplacée par une « trialité », comme le côté pile, le côté face et la tranche. Ou encore, un univers sans gravité, où tous les êtres, disons, verraient par la bouche.

Je sais, je sais, tout ça est un peu flyé, mais si, comme plusieurs le prétendent, l'univers est infini (c'est là une croyance constructive et fort excitante à mes yeux), pourquoi n'existerait-il pas **d'autres univers totalement différents du nôtre ?** Le jour où nous aurons fait le tour du jardin, on voudra peut-être goûter à autre chose et visiter ces autres univers.

Je n'ai pas beaucoup d'autres détails à vous communiquer sur les « autres îles ». Toutefois, je sais qu'il existe des pratiques détaillées pour quitter cette île-ci. Je ne suis pas là pour vous dire *quand* il faut le faire. Je peux simplement vous dire qu'il existe des portes de sortie réservées aux gens qui, un jour, auront expérimenté à satiété l'ensemble des options offertes par ce paradis.

En attendant ce jour, nous avons bien du travail à faire, ne serait-ce que pour comprendre les lois qui régissent notre univers. Tout ce que j'ai pu identifier dans mes recherches, tant du côté scientifique que du côté spirituel, se résume à sept grandes lois que je vous présente ici sommairement.

Le livre n'a pas pour but d'expliquer en détail chacune de ces lois, mais de donner suffisamment de matière à votre intellect **pour l'inciter à demander pour recevoir.**

Pour vous inciter à profiter de vos vacances, quoi !

La Loi de l'action-réaction

Mère de toutes les lois, la Loi de l'action-réaction est le cœur du principe de la justice parfaite. Troisième loi du savant Isaac Newton, elle nous apprend que toute action déclenche une réaction égale et de même puissance.

Levez-vous et poussez sur un mur. Allez-y, poussez. Comment se fait-il que le mur ne bouge pas si vous poussez dessus ? Forcément, le mur sur lequel vous exercez une pression pousse à son tour vers vous, ce qui provoque un équilibre et une immobilité.

Cessez de pousser. Dites-moi maintenant pourquoi le mur n'avance pas vers vous. En effet, **vous** avez cessé de pousser, mais comment se fait-il que le mur ait cessé de le faire aussi ? À ce que je sache, vous ne contrôlez pas mentalement le mur. Aussi celui-ci aurait dû continuer de pousser, donc avancer vers vous, non ?

Lisez attentivement : le simple fait que vous choisissiez de pousser déclenche **simultanément une réaction dans le mur.** Vous poussez, il pousse. Vous arrêtez, il arrête.

Autrement dit, le simple fait de contrôler *la moitié d'une équation* vous donne le contrôle sur la *totalité* de celle-ci. Les conséquences sont nombreuses. La plus évidente, c'est que **vous n'avez plus à vous préoccuper de trouver des réponses.**

> Les personnes les plus efficaces ne sont pas efficaces à trouver des réponses. Elles sont efficaces à trouver des questions.

Bref, le simple fait de poser une question déclenche automatiquement une réponse : c'est une loi, la Loi de l'action-réaction. Ne vous cassez donc plus la tête à chercher des réponses : **trouvez des questions à la place !**

L'univers déteste les déséquilibres

Le fait de pousser sur le mur démontre aussi que l'univers va toujours chercher à maintenir un équilibre. En physique, on apprend que les positions d'équilibre recherchées sont celles où l'énergie requise est la moins grande.

L'univers est très paresseux. Il respecte et recherche le principe du moindre effort.

Tous les êtres de la nature suivent la règle du moindre effort. Enfin, tous sauf ceux qui sont censés être les plus intelligents du lot : les humains. Nous, nous préférons travailler fort !

Vous voulez créer quelque chose ? **Déséquilibrez l'univers.** À force de maintenir une onde-pensée et de l'émettre dans l'univers, vous créerez un déséquilibre.

Un exemple. Vous souhaitez lancer une nouvelle entreprise. En appliquant les principes de ce livre, vous partez en quête d'une vision détaillée de cette business. Vous définissez les solutions proposées à la clientèle, choisissez le nombre d'employés et les locaux, déterminez la taille du marché et le nombre de clients, vous identifiez les distributeurs idéaux, etc. Votre vision est définie.

Parfait ! À l'aide de cette vision, vous émettez une nouvelle onde dans l'univers ; **celle-ci prend la forme d'un désir.** Et plus vous y pensez, plus vous renforcez cette onde émise par votre antenne vertébrale. Dites-vous que, tant que vous maintenez l'onde, vous créez un déséquilibre, une perturbation dans l'univers.

Et l'univers n'aime pas ça. Il n'aime pas ça du tout ! Tout comme vous détestez le bruit du voisin qui fait jouer de la musique trop fort.

L'univers doit bouger. Il doit vous faire taire. Soit il vous accorde ce que vous demandez (pour que vous cessiez d'émettre l'onde), soit vous détruisez vous-même votre onde par des pensées destructrices du genre : « Une entreprise, c'est beaucoup de travail. Et puis il y a les risques, la compétition, la responsabilité, la gestion », etc. Ces pensées **annulent votre vision initiale** et tout rentre dans l'ordre... du moins si on considère l'équilibre universel.

Donc, de deux choses l'une : ou bien vous allez vous-même briser votre onde par des doutes que vous entretiendrez, ou bien l'univers s'arrangera pour répondre à votre demande afin que vous le laissiez en paix.

Cool, non ?

La Loi des analogies

« Tout ce qui est en haut est comme ce qui est en bas. »

L'un des plus beaux défis de la science moderne est d'expliquer l'étrange similitude qui existe entre l'infiniment petit et l'infiniment grand.

Avez-vous déjà remarqué à quel point les représentations des atomes, avec les protons au centre et les électrons en orbite, ressemblent étrangement aux représentations des galaxies avec leurs soleils et trous noirs au centre et leurs planètes en orbite ? Évidemment, non. Vous êtes bien trop occupé à travailler !

Notre génie Einstein a passé la fin de ses jours à tenter de résoudre cette énigme en reliant l'énergie nucléaire (l'infiniment petit) à l'énergie gravitationnelle (l'infiniment grand).

Il n'y est pas parvenu, mais il a néanmoins affirmé : « Je veux connaître les pensées de Dieu : tout le reste n'est que détails. » Fascinant, vous ne trouvez pas – les pensées de Dieu, de la bouche du physicien par excellence ?

Selon la Loi des analogies, tout ce qui est vrai dans un certain domaine l'est aussi pour tout le reste. C'est le symbole du premier arcane du Tarot, un doigt qui pointe vers le haut et un autre vers le bas.

C'est aussi la signification de l'étoile à six pointes ou sceau de Salomon, formée d'un triangle pointant vers le haut et d'un triangle pointant vers le bas.

> Cette loi nous indique que ce qui est vrai dans nos pensées et notre monde intérieur doit nécessairement devenir vrai dans notre monde extérieur.

La Loi de la création

Au cœur du principe « Demandez et vous recevrez », la Loi de la création confirme que vous et moi sommes des créateurs et que nos pensées sont ressenties par le reste de l'univers.

Tout ce que nous avons vu dans ce livre sur le plan de la création de votre vie de rêve s'inscrit dans l'application de la Loi de la création.

Pour vous montrer à quel point la matière n'a pas de réalité véritable, je vous propose de **faire un miracle**. Juste avant, je dois vous dire que la chaise sur laquelle vous êtes assis en ce moment n'existe pas. Je vous le jure, je n'ai pas fumé le journal ce matin.

Il n'y a aucune chaise sous vos fesses en ce moment.

Votre soi-disant chaise est constituée de molécules, elles-mêmes constituées d'atomes, lesquels se composent d'électrons, de neutrons et de protons. Ça va jusque-là ? Bien.

Petite pause. Poursuivons. Une noisette par rapport à la Terre aurait les mêmes proportions qu'un atome par rapport à une boule de billard.

Maintenant, prenons l'atome et grossissons-le à la taille d'un stade de baseball. Le noyau de cet atome aurait la même taille qu'un grain de sable par rapport au stade. Autrement dit, la boule de billard est complètement vide. Examinée au microscope électronique, votre chaise, elle, aurait l'air d'un immense trou.

Vous êtes prêt pour le miracle : levez votre poing bien haut et d'un coup, frappez une table ou un mur. Allez-y, je vais vous aider : hééééé BANG ! Votre poing n'est pas passé au travers de la table ? Bravo, vous venez de faire un miracle !

> Le miracle, c'est que nous soyons capables de créer l'illusion du toucher alors que la table est en réalité complètement vide !

Votre esprit est tellement puissant qu'il est capable de maintenir l'illusion de vos cinq sens avec rien du tout. Vous êtes très fort, vous savez.

La Loi des vibrations et du mouvement

Au microscope, il est fascinant de voir que les particules que nous pensions autrefois statiques sont en réalité en mouvement. Tout bouge. En vérité, non seulement tout bouge, mais tout bouge suivant toutes les probabilités possibles.

Notre univers est en fait une gigantesque pièce de théâtre aux multiples réalités. Non seulement tout bouge, mais chaque chose qui bouge oscille à une fréquence qui lui est favorable.

C'est le principe de la fréquence de résonance. Pour bien continuer de me suivre dans ce cours accéléré de physique, prenez la corde « sol » d'une guitare. Si vous la pincez, elle se mettra à vibrer à sa fréquence de résonance.

Ce qu'il y a d'extraordinaire, c'est que si vous placez une autre guitare devant celle-ci, la corde « sol » de cette deuxième guitare se mettra à vibrer toute seule, sans que vous la touchiez. Elle aura été « excitée » à sa fréquence de résonance par la fréquence émise par la première guitare et entrera toute seule dans la danse !

Essayez, vous verrez, c'est une expérience très convaincante !

Suivant la Loi des analogies, vous et moi avons aussi des éléments qui nous font *entrer en résonance* et d'autres qui nous vident de notre énergie. C'est ce qui explique que certaines musiques vous font vibrer alors que d'autres vous font fuir la pièce.

C'est aussi ce qui justifie le fait que vous avez l'impression de tout connaître sur une personne que vous venez tout juste de rencontrer, ou encore que vous êtes incapable de sentir cet autre individu qui vous est pourtant parfaitement étranger.

En portant votre conscience sur le présent, vous pourrez mieux choisir les aliments, les musiques et les couleurs qui vous donnent de l'énergie, par opposition à ceux et celles qui vous en retirent.

Il existe une merveilleuse science hindoue appelée Ayurveda ou « science de la vie ». Celle-ci décrit en détail les types d'individus et le jeu des fréquences. Le populaire feng shui, une autre application de la Loi des vibrations et du mouvement, est un « produit dérivé » de l'Ayurveda.

La Loi de la conservation de l'énergie

Rien ne se perd, rien ne se crée. Celle-là, vous l'avez déjà entendue, peut-être même utilisée. Mais la comprenez-vous vraiment ?

Rien ne se crée. Au fond, nous ne créons rien du tout. Nous déplaçons simplement de l'énergie. Je dirais même mieux : nous ne déplaçons pas vraiment de l'énergie, nous déplaçons (quel sacrilège), **nous déplaçons de la conscience !**

Vous êtes avant tout un amas de conscience.

Si vous voulez augmenter votre puissance, vous devez limiter vos « pertes de conscience ». Vous devez cesser de disperser votre attention, de répandre votre « énergie » dans toutes les directions.

Les inquiétudes, le stress, la colère, l'envie, et même les éjaculations trop fréquentes, vident votre conscience. De la même façon, le type d'aliments que vous consommez augmente ou réduit votre niveau de conscience. Ça vaut aussi pour le type de musique que vous écoutez ; je ne garantis pas votre niveau de conscience si vous écoutez sans cesse les Smash Crashing Killer Potato Skins.

Mais attention, n'allez pas croire que je porte un jugement sur vos goûts. Pas d'opinion, vous vous rappelez ? Je ne prétends pas du tout qu'écouter des mantras hindous ou des chants grégoriens vaut mieux qu'écouter du *heavy metal*. C'est tout simplement **différent.**

Je ne prétends pas non plus qu'être végétarien est mieux que manger de la viande. C'est tout simplement **différent.**

> **Je** préfère les mantras hindous et la cuisine végétarienne parce qu'ils me procurent un niveau de conscience qui me convient **à moi.**

Le mot clé à retenir : **différent.** Faites vos propres expériences et, *ensuite,* jugez de ce qui est le mieux pour vous.

Je peux néanmoins vous assurer que si vous souhaitez des degrés presque inhumains d'énergie, vous devrez vous nourrir tant intérieurement qu'extérieurement **d'éléments à haute fréquence.**

En effet, si vous voulez élever votre niveau de conscience et comprendre pourquoi les grands maîtres ont perdu tout intérêt pour les choses matérielles, la viande et l'orgasme éjaculatoire, vous devrez vous y rendre par vous-mêmes.

La vie des maîtres est-elle meilleure pour autant ? Non. Elle est **différente**, un point, c'est tout. C'est une question de choix.

Quand vous en aurez assez de jouer sur cette île terrestre, quand vous sentirez que vous avez fait le tour du jardin plus d'une fois, vous aurez envie d'autres choses. À ce moment, vous adopterez d'autres points de vue, à des fréquences plus élevées.

Pour le moment, **appliquez-vous à combler vos désirs les plus fous.** Comblez-les tous ! Vous partirez ainsi du bon pied.

La Loi de l'évolution et la Loi divine

Les sixième et septième lois du Tao des affaires font partie de discussions touchant le choix de « quitter l'île de la dualité et du paradis terrestre ». Par conséquent, elles ne seront pas abordées dans ce livre.

LES AMPLIFICATEURS DU SUCCÈS

Le monde du Tao des affaires est composé de trois volets.

1. *La matérialisation de vos rêves.* Nous avons présenté ce concept en long et en large dans les pages qui précèdent.

2. *Les sept grandes lois qui régissent le fonctionnement de notre univers.* Nous venons tout juste de les résumer.

3. *Une série d'outils et de pratiques qui permettent d'augmenter la puissance des lois et d'accélérer la concrétisation des désirs.* C'est ce que nous appellerons les Amplificateurs du succès.

Il y a assez d'outils et de pratiques pour remplir bien des livres. Mais j'adore le contact avec le public. Lorsque vous aurez éveillé votre curiosité et aurez pleinement commencé à goûter à toute la puissance du Tao des affaires, vous aurez peut-être l'audace de vous inscrire à un séminaire en ma compagnie ou en compagnie d'autres chercheurs un peu fous (détails sur www.pierremorency.com).

En attendant, je vous donne un aperçu de quelques bons amplis.

La nourriture

Vous êtes ce que vous mangez. Ne vous l'a-t-on pas assez dit ?

Moi, je dis plutôt que vous vibrez **à la fréquence de ce que vous mangez.** Vous vibrez à la fréquence des couleurs que vous portez, de la musique que vous écoutez et des odeurs que vous respirez.

Ne vous laissez pas prendre au piège des publicitaires qui vous incitent à telle diète ou tel régime. Faites vos propres expériences en maintenant un régime différent pour un temps défini **puis en analysant comment vous vous sentez.**

Vouloir le même régime pour chacun est aussi ridicule que de forcer les enfants à aller à l'école pour suivre le même cheminement. La cellule d'un rein ne peut pas avoir le même développement ni les mêmes besoins que la cellule de la hanche. Les humains sont complémentaires, pas similaires.

Une fois encore, je vous invite à expérimenter. Moi, j'ai découvert que le lait, les amandes, les mangues, le vin rouge, les tomates, le beurre d'arachide et le yogourt nature forment la combinaison parfaite pour maximiser mes propres niveaux d'énergie.

À vous de trouver le régime idéal **pour vous**, en fonction de vos propres tests. Honnêtement, et sans vouloir émettre quelque jugement que ce soit, je ne crois pas que vous pourriez entrer en transe méditative après avoir mangé une grosse assiette de rosbif, mais vous pouvez essayer. Selon moi, ce serait comme vouloir écouter du Mozart pendant que votre voisin d'en haut écoute du Marilyn Manson dans le plancher.

La respiration ou la science du prana

J'ai le plaisir de vous annoncer que vous n'avez pas qu'un seul corps.

Vous en avez trois.

La prochaine fois qu'on vous demandera si vous jouez avec votre corps, il faudra demander lequel.

Trois corps : le corps physique, le corps astral et le corps causal.

Le corps physique est le siège de la matière ; le corps astral, celui des pensées et des émotions ; le corps causal, celui du penseur.

Lorsque vous respirez, vous ne nourrissez pas simplement votre sang en oxygène. Vous absorbez aussi du *prana*, l'équivalent de l'oxygène pour le corps causal. D'origine sanskrit, le mot *prana* est à la base d'une science exceptionnelle appelée en Inde le *pranayama* ou la maîtrise du souffle.

C'est justement ce prana qui nourrit votre conscience.

Je vous épargne bien des détails. Je dirai seulement que votre corps astral possède 72 000 *nadis* ou canaux de circulation de *prana*.

Qu'est-ce que cela peut bien changer dans ma vie, direz-vous? Eh bien voilà: lorsque le *prana* est abondant et qu'il circule allègrement dans le corps astral, les ondes-pensées ont une puissance exceptionnelle. Vous devinez le reste.

Une bonne respiration implique que l'oxygène est amené jusqu'à l'abdomen. Les adultes ne respirent pas. Ils halètent, ils survivent. Vous voulez régler vos problèmes de poids? Rien de plus facile: **réapprenez à respirer.**

La digestion est un processus de combustion. Vous avez déjà essayé de faire un feu sans oxygène? Comment voulez-vous « brûler » efficacement la nourriture si vous n'envoyez pas suffisamment d'oxygène à votre système après les repas?

Respirez activement, trois minutes après chaque repas, en prenant de grandes respirations et en dirigeant l'air vers l'abdomen. Vous serez surpris du résultat. Vous lancerez vite diètes en poudre et autres barres repas au bout de vos bras!

Croyez-moi, la science du *pranayama* est exquise. Elle enseigne une foule de pratiques stimulant la circulation du prana dans les nadis et permettant ainsi de purifier le système de tous les blocages accumulés avec les années.

Mais ce n'est certes pas une science pour les êtres fragiles ou conservateurs.

La programmation des croyances

Cette fois, nous sommes en terrain connu.

La meilleure manière de reprogrammer une croyance est de bâtir une phrase que vous vous répétez sans cesse comme « Je me permets d'être riche » ou encore « Ma santé s'améliore de jour en jour ».

L'application des principes scientifiques aux bons vieux concepts de pensée positive devrait vous permettre de saisir toute la puissance d'une phrase répétée mentalement sans relâche pendant une certaine période de temps.

Si les croyances (ou les histoires de jambon) qui remplissent votre esprit présentement viennent de votre éducation, de votre famille et de votre entourage, vos nouvelles croyances doivent provenir d'une reprogrammation volontaire.

Le chemin le plus rapide pour détruire une croyance et la remplacer par une autre demeure **la répétition d'une pensée,** qui peut prendre la forme d'une courte phrase. Par exemple, supposons que vous ayez la croyance qu'il est impossible pour vous de doubler votre revenu cette année, vous pourriez utiliser la phrase : « Cette année, je double mes revenus. Les idées pour le faire me viennent aisément. Je les reconnais instantanément. »

En vous répétant cette phrase régulièrement, vous finirez par vous reprogrammer. Comme vous connaissez maintenant les principes physiques de ce phénomène, vous pourriez aussi dire qu'à force d'émettre cette nouvelle onde-pensée, l'univers, en situation de déséquilibre, répondra à votre nouvelle demande en suivant la Loi de l'action-réaction.

Ce n'est quand même pas sorcier !

Si vous voulez plus d'exemples, je vous laisse aux bons soins de Joseph Murphy et de *La puissance de votre subconscient*. Ce fut mon premier livre de développement personnel, et même si je n'avais que neuf ans lorsque mon grand-père me l'a lu, c'est encore pour moi un grand classique en matière de programmation de croyances.

Le contrôle des fréquences

Cet amplificateur est une version élargie de l'explication donnée dans la section sur la nourriture. Puisque tout vibre, vous devez étudier l'impact sur votre niveau d'énergie de tout ce qui vous entoure. À quoi bon vous faire tout un programme de désirs et de rêves si vous n'avez pas une once d'énergie à y consacrer parce que tout votre jus est pompé hors de vous par un facteur externe ?

Je vous donne un exemple : comment vous sentez-vous après avoir passé trois heures consécutives à regarder la télévision ? N'êtes-vous pas totalement vidé ? Normal : les fréquences émises par l'appareil ont tendance à détruire vos réserves d'énergie.

La musique est un excellent moyen de commencer à maîtriser et à contrôler les fréquences qui occupent l'espace autour de vous. Pour vous en convaincre, prenez deux plantes du même type (idéalement, de la même souche initiale) et placez-les dans deux endroits différents mais ensoleillés de la même façon. Donnez-leur la même quantité d'eau, aux mêmes heures.

Faites maintenant jouer du Mozart à l'une des plantes quatre heures par jour. Pendant ce temps, faites jouer à l'autre du *heavy metal* – pourquoi pas quelques mélodies signées Smash Crashing Killer Potato Skins?

Le résultat? Faites l'expérience, vous verrez bien…

Vous pouvez aussi vous amuser avec les couleurs. Voyez comment vous vous sentez après avoir passé deux heures dans une pièce à dominance rouge ou à dominance jaune. Lors d'un voyage à Las Vegas, en 1994, j'ai mangé à l'hôtel Luxor, dans un endroit fascinant, le Manhattan Buffet.

Le restaurant, qui a existé de 1993 à 1996 avant de passer sous le pic de rénovations d'envergure, était divisé en cinq sections ayant chacune une seule couleur: rouge, jaune, verte, bleu et noir. Et lorsque je dis une seule couleur, je dis bien une seule couleur: les tables, les murs, les planchers, les plafonds, les assiettes, les verres, le personnel, et même la nourriture!

Nous nous étions assis dans la section rouge. Après 10 minutes, nous avons dû quitter l'endroit; nous étions à deux doigts de nous lancer les plats par la tête!

Dommage que l'endroit n'a pas été réouvert après les rénovations. La phrase « Ne doutez jamais de l'influence des fréquences dans votre vie » y prenait vraiment tout son sens.

La transmutation sexuelle

S'il y a un domaine, à mon avis, où les livres feraient mieux de se taire, c'est bien celui de la sexualité. En même temps, tous les maîtres décrivent l'énergie sexuelle comme la puissance même de l'univers. Cette notion est donc incontournable dans mon approche.

Ce qui me fait rire, c'est que chaque fois que je commence à parler de transmutation sexuelle, les gens pensent souvent : « Ça y est, il va me parler d'abstinence sexuelle. Il va me dire que si j'aspire à une vie spirituelle plus riche, je devrai faire une croix sur la sexualité. »

Du tout. L'idée n'est pas de prescrire l'abstinence. Ce serait ridicule. L'abstinence peut se révéler très positive, j'en conviens, mais elle ne doit jamais être forcée. Elle se produit d'elle-même quand votre système est prêt et quand vos canaux énergétiques sont bien nettoyés.

Qu'arrive-t-il lorsque vous versez de l'eau dans un verre ? Il finit par déborder. En conséquence, à quoi sert de forcer l'abstinence si l'on perd toute son énergie dans des rêves érotiques nocturnes, dites-moi ?

Tant que les *nadis* ne sont pas purifiés, l'énergie sexuelle aura de la difficulté à « s'élever sur le bâton ». Pensez seulement à Moïse, qui a passé 40 ans dans le désert « à faire monter le serpent sur le bâton ». Vous me suivez ? Non ? OK, OK, je vous aide un peu.

L'énergie sexuelle sert de carburant à tout le système. Si vous voulez créer, vous avez besoin de réserves d'énergie. Cette énergie peut être canalisée le long de votre colonne vertébrale **pour mettre votre antenne en fonction.**

Le jour où vous comprendrez que l'énergie qui fait tout fonctionner est, à la base, *sexuelle*, vous ne considérerez plus jamais la sexualité de la même façon. L'énergie sexuelle est une énergie merveilleuse !

Je partage avec vous une pratique toute simple pour favoriser « la montée du serpent » et vous aider à goûter à autre chose qu'à ce que j'appelle un « simple orgasme ». Après ça, je me tais.

Considérez dès aujourd'hui la relation sexuelle comme un presto de cuisine.

• Vous allumez le feu. C'est la phase d'excitation sexuelle.

• Ne retirez pas le couvercle. Vous devez absolument, surtout vous monsieur, apprendre à vous retenir. Comment ? Utilisez la respiration (appliquez-vous à ralentir votre respiration et, petit à petit, faites monter votre excitation par la colonne vertébrale). S'il le faut, prenez régulièrement une pause de quelques minutes.

• Éventuellement, la « vapeur » trouvera l'autre petit trou, soit le bouchon du presto. Cet autre petit trou, c'est un orifice que nous avons tous au bas de la colonne vertébrale. Lorsque l'énergie se met à y passer, préparez-vous à toute une virée !

La physique moderne démontre que chaque particule possède un opposé. Un électron est l'opposé d'un positron, la matière est l'opposée de l'antimatière, etc. En recombinant une particule avec son opposé, la matière est détruite et remplacée par une énorme quantité d'énergie. Dans la fameuse équation d'Einstein, $E = mc^2$, rappelez-vous que E signifie « énergie » et M, « matière » ou « masse ». Selon cette formule, en combinant des opposés matériels, **on les reconvertit en énergie.** Si c'est vrai pour les particules, c'est vrai pour nous. Or, les textes sacrés indiquent que l'énergie sexuelle peut remonter à sa source pour se fusionner avec son opposé.

C'est ce que démontrent de multiples images et sculptures anciennes de dieux et de déesses que l'on voit en situation d'union sexuelle. La plus célèbre est sans contredit celle du dieu Shiva assis en posture méditative, le dos bien droit, avec son épouse Shakti assise sur lui et lui faisant face, les jambes entourant sa taille, tous deux en pleine relation sexuelle – c'est justement le symbolisme utilisé pour expliquer l'énergie sexuelle divine **transmutée.**

Les textes les plus anciens (comme les *Védas*) nous présentent presque toujours le divin en compagnie de sa moitié féminine, pour nous rappeler que nous pouvons remonter à Dieu en faisant remonter notre énergie sexuelle. Pourquoi? Parce que cette énergie à caractère « sexuel », qui est située dans le bas de l'antenne vertébrale, change de fréquence au moment de son ascension, passant d'une énergie de type explosif et plutôt animal à une énergie de type transcendant et divin.

Mes expériences et mes recherches m'amènent à la conclusion que le vrai amour (je sens que quelques femmes vont m'en vouloir) n'est rien d'autre que de l'énergie sexuelle qui aurait « monté » à la hauteur du quatrième chakra, le cœur. Vous avez bien lu : le sexe et l'amour, au fond, seraient la même chose! La même chose, oui, **mais à des fréquences différentes.** Cela dit, attention. Pour goûter à tout ça, il faudra être perspicace. Les p'tites vites dans la salle de lavage, c'est bien, mais en comparaison avec la vibration du caducée, je vous le jure, c'est de la p'tite bière!

J'arrête ici. Je vous laisse sur votre appétit? Tant mieux. Lâchez la maudite télé et fouillez un peu.

La méditation

La méditation est un acte volontaire par lequel on se branche sur le cerveau collectif et sur les plus hautes fréquences dans le but de goûter à des états d'esprit différents, d'entrer en contact avec des fréquences différentes de celles du tourbillon de pensées quotidiennes.

Vous pouvez méditer sur une foule de choses. Les sujets de médita-tion les plus intéressants, selon moi, sont les sept chakras et les images divines. En concentrant vos pensées sur différentes positions de votre antenne vertébrale, vous activez celles-ci et pouvez mieux en saisir l'utilité.

Et les images divines ? Une image de Dieu (prenez la représentation de votre choix) vibre à une vitesse énormément plus élevée que nos pensées habituelles. En concentrant votre esprit sur une telle image, vous pouvez littéralement catapulter votre conscience vers des fréquences indescriptibles.

J'ai bien peur que la physique quantique ne soit plus ici d'aucune utilité. Je n'y peux rien, la foi commence là où la science finit. En revanche, le plus grand principe de la physique s'applique parfaite-ment ici : **expérimentez** !

Dans la Bible, il est écrit que Jésus a dit : « Lorsque tu veux parler à Dieu, fais silence, entre dans ta chambre et écoute. » Autrement dit, entre en méditation et concentre tes pensées sur Dieu – il fera le reste.

La méditation réelle, effectuée avec un bon guide, est l'une des expériences les plus merveilleuses qu'il m'ait été donné de décou-vrir. J'en fais un rendez-vous prioritaire chaque matin.

Les postures du yoga ou *asanas*

Le mot « yoga », dans son vrai sens, veut dire « union ». L'union avec le divin.

Les postures ne sont qu'un des aspects du yoga, tout comme la res-piration et la concentration. Ces postures ou *asanas* sont beaucoup plus que de simples exercices d'assouplissement.

La flexibilité est bel et bien un bénéfice intéressant du yoga, mais ce n'est pas son objectif premier.

L'objectif principal du yoga, c'est la concentration des pensées pour faciliter la maîtrise du corps *et* la purification des *nadis* du corps astral, ce qui favorise une meilleure circulation de l'énergie. Chaque *asanas* s'occupe de « nettoyer », sur le plan physique tant qu'astral, un côté bien précis du corps.

Il y a des postures quasi magiques. Ma préférée est celle où l'on se tient sur la tête (debout, à l'envers, littéralement). En renversant le flux sanguin quelques minutes par jour, vous offrez à votre cœur un repos qu'il ne peut même pas trouver lorsque vous êtes couché. Le cœur se trouve alors à fonctionner « à l'envers » pendant quelques minutes. Ce repos permet d'allonger considérablement son efficacité et l'aide à se maintenir en santé.

Il existe bon nombre d'écrits sur le yoga. C'est une pratique très méthodique qui peut vous apporter des bienfaits considérables. Encore une fois, il est recommandé de pratiquer cette discipline sous la supervision d'un professeur qualifié.

Cette brève revue des Amplificateurs du succès aura réussi, j'espère, à allumer votre intérêt. Mettez-vous en mode succès dès aujourd'hui !

ET LE BONHEUR DANS TOUT ÇA ?

Alors que je décrivais notre univers comme un monde relatif où tout fonctionne par paires d'opposés, j'ai fait allusion au couple *plaisir-douleur*. J'ai écrit que le bonheur serait **une exception à la règle de la dualité.**

Malheureusement, trouver le bonheur sur Terre est aussi peu probable que de trouver le calme dans une garderie d'enfants. « À quoi bon vivre ? », me direz-vous. Ma réponse est la suivante : « Pour le plaisir de goûter à tout ce qu'un monde de relativité peut nous permettre d'expérimenter. »

Pourquoi manger, pourquoi danser, pourquoi avoir des enfants même, sachant fort bien qu'ils sont condamnés à vieillir, à souffrir et à mourir ?

Parce que nous aimons l'aventure. Nous vivons pour apprendre, créer et jouer.

Sinon, nous retombons dans une routine infernale où nous voulons tout avoir et tout savoir. Rappelez-vous l'expérience de visualisation des trois mois sur le voilier.

En fin de compte, tout devient ennuyeux, même la vie au paradis.

C'est pourquoi il faut sans cesse se créer de nouvelles aventures.

Tout est mystérieux et c'est très bien comme ça

Pourquoi chercher trop vite à tout comprendre ? Pourquoi vouloir lire la dernière page d'un livre dès qu'on en a lu le premier paragraphe ? Suivez la piste de vos désirs et jouez le jeu.

Jouez la pièce de théâtre en sachant qu'au fond il n'y a pas de victimes, pas de problèmes réels, rien d'autre qu'un jeu et des acteurs. Ces paroles vous choquent ? Vous vous accordez peut-être trop d'importance.

Je le redis : nous sommes tous pratiquement déjà morts. Rien ne sert d'accélérer le processus avec toutes vos peurs et vos craintes. Suivez les désirs qui naissent spontanément dans votre « vrai vous » et, un jour, la partie sera jouée. Un jour, vous aurez vraiment envie d'expérimenter autre chose. Quand ce jour viendra, vous le saurez, sincèrement et sans hésitation.

Alors, comme d'autres avant vous, vous prendrez votre baluchon et vous plongerez au plus profond de votre conscience pour trouver la sortie de l'île.

Mais rien ne presse. Vous avez l'éternité devant vous.

Le vrai bonheur est permanent

Tout ce qui a un début et une fin fait partie du monde relatif. Le bonheur absolu n'a ni commencement ni fin. Sur Terre nous cherchons à nous amuser.

Si vous croyez vraiment être sur Terre pour chercher le bonheur, je vous lance un autre défi : interdisez-vous toute relation sexuelle et tout alcool pour les 30 prochains jours ; ne mangez que du pain, des amandes et des fruits ; ne buvez que de l'eau et du lait.

Vous verrez si vos journées sont aussi intéressantes qu'avant.

Vous verrez si vous avez encore envie de sortir, encore envie de lancer de nouveaux projets. Vous verrez si cette promotion est vraiment aussi importante qu'avant. Vous verrez si vous voulez encore changer de voiture.

Faites le test. Je vous garantis que, une fois le jeu terminé, vous n'aurez plus d'intérêt pour rien. Vous comprendrez que le couple plaisir-douleur suppose des gratifications sexuelles, des mets variés, du sommeil, du jeu et de la protection. Si vous vous coupez du plaisir sexuel, de la variété d'alimentation et de la diversité des jeux, le paradis terrestre perd son sens.

Acceptez le fait que vous voulez des gratifications sexuelles, des jouets, des bons repas et de l'aventure. Et jouez le jeu. Quand vous aurez joué le jeu, vous passerez tout naturellement à la phase suivante.

Croyez-moi, vous ne le ferez pas par abandon ou par dépit. Vous le ferez en toute satisfaction.

Chanceux ou malchanceux : l'art du non-jugement

Lorsqu'on commence l'étude sincère des pistes du bonheur, on est rapidement confronté au non-jugement. On découvre qu'il faut se placer au-dessus du couple bien-mal et s'en détacher.

Le jugement ne nous avance à rien.

Faites vos choix, prenez un point de vue qui vous plaît et foncez.

Laissez les autres gaspiller leur énergie en jugements, en débats et en opinions.

Là-dessus, une petite histoire :

C'est un père de famille qui travaille au gouvernement, dans la division de la perception des impôts. Un beau jour, son fils reçoit par erreur un crédit d'impôt de 3 000 $ par courrier, tout juste le montant requis pour payer ses études et aller à l'université suivre son cours d'ingénieur. Les amis du fils lui disent : « T'es ben chanceux ! Que vas-tu faire de cet argent ? »

Le fils avait appris de son père que tout arrive pour une raison dans la vie et que les concepts de chance et de malchance n'existent pas. Ne sachant pas que le montant lui avait été envoyé par erreur, il leur dit : « Vous savez, je ne sais pas si c'est de la chance ou de la malchance que d'avoir reçu ce montant. Mais je vais l'utiliser pour m'inscrire à l'université. »

Le mois suivant, le père reçoit à son bureau la visite de policiers lui disant qu'il est en état d'arrestation pour fraude, pour une histoire de sous acheminés à son fils illégalement.

Les amis du fils qui entendirent la nouvelle rendirent visite à ce dernier : « Tu parles d'une malchance ! Ton père en prison, la réputation de ta famille entachée. Que vas-tu faire maintenant que tu n'as plus les 3 000 $ et que tu dois t'occuper de ta famille en l'absence de ton père ? »

Le fils, toujours aussi calme, répond :

« Je vous l'ai déjà dit, je ne sais pas si tout ça est de la chance ou de la malchance. Je suppose que nous devons passer par cette épreuve pour avancer. Il y a toujours un diamant caché dans les décombres d'un événement désagréable. Il faut garder l'œil ouvert, sans juger. » Deux mois plus tard, le père est libéré de prison avec excuses officielles de son gouvernement pour cette fâcheuse erreur. Pour se faire pardonner du trouble occasionné à la famille, le gouvernement offre une promotion au père de famille et le choix d'institution au fils, sans aucuns frais !

Les amis se pointent de nouveau, évidemment. « Quelle chance incroyable ! Tu peux choisir ton école. Dis-nous à quels saints tu te voues pour que nous en fassions autant ! »

Dites-moi : ce garçon est-il chanceux ou malchanceux ? Ni l'un ni l'autre. Il obtient ce qu'il a besoin d'obtenir à chaque instant.

Pratiquez le non-jugement. Dites-vous que tout ce qui vous arrive est toujours, toujours la meilleure chose qui pouvait vous arriver.

Il s'agit simplement de se demander « Pourquoi ça m'arrive maintenant ? » et de chercher à comprendre le message.

Libre arbitre ou destin

Sommes-nous libres ou liés par le destin ? Voilà une question fondamentale dans l'étude du bonheur.

Ma réponse ne va pas vous plaire : nous sommes libres *et* liés par le destin. Vous êtes à la fois marionnette et libre.

Une analogie. Vous êtes au volant d'une formule 1 et vous filez à 250 km/h.

Je vous demande de tourner immédiatement à gauche. Êtes-vous libre de le faire ? Oui et non.

Vous n'êtes pas libre de le faire *tout de suite* parce que vous devez d'abord ralentir. Une fois que vous aurez réduit votre vitesse, vous pourrez le faire.

Quelqu'un vous avait-il *forcé* à élever votre vitesse à 250 km/h ? Non, vous avez utilisé votre libre arbitre pour le faire. Sauf qu'une fois cette décision prise, **vous avez limité votre libre arbitre futur.** Vous me suivez ?

> Chaque fois que vous utilisez votre liberté, vous vous liez au destin parce que ce destin, vous l'avez vous-même créé.

Pour être vraiment libre, vous ne devrez plus faire usage de votre liberté. Méditez un peu là-dessus.

Bhakti et jnana

Les chemins qui conduisent « à la sortie de l'île » peuvent être regroupés en deux grandes catégories : le **sentier de la dévotion** (bhakti) et le **sentier de la connaissance** (jnana).

Dans le premier cas, vous écrasez votre ego, vous vous placez dans un état de serviteur, jusqu'à ce que Dieu (votre vrai vous) vous rejoigne.

Dans le second, vous gonflez votre ego à l'infini, le détruisant par le fait même et retrouvant votre état divin.

Les religions catholique, musulmane, juive, bouddhiste et hindoue suivent essentiellement le sentier de la dévotion.

D'une manière ou d'une autre, vous retrouvez votre état de divinité. C'est une question de choix : goûter le miel ou être le miel.

Une analogie pour expliquer notre relation au divin. Imaginez un champ avec des milliers de seaux remplis d'eau. Il est minuit et brille la pleine lune.

Un enfant regarde le champ et les seaux d'eau du haut d'une colline et, voyant le reflet de la lune dans chacun, se dit : « Comme il y a beaucoup de lunes sur Terre. »

En fait, il n'y a qu'une lune. Et il y a des milliers de *reflets* de lune. Il n'y a aussi qu'un seul Dieu. Vous et moi sommes des reflets de la même source divine.

C'est donc là votre vrai but sur terre : jouer le jeu de la relativité, créer, créer et créer encore, pour, en bout de piste, devenir un meilleur dieu.

CONCLUSION

Cher partenaire de voyage, je vous remercie de m'avoir accompagné dans cette brève tournée du Tao des affaires.

Vous avez vu qu'en qualité de physicien je peux facilement expliquer les choses, mais aussi les compliquer.

Dire que je n'étais que dans ma période d'échauffement ! Nous pouvons nous lancer dans les quarks et les neutrinos quand vous voulez.

Si vous préférez, nous pouvons aussi parler de *mantra*, de *nada yoga* et de la vie de Krishna. Pas de problème, je suis un fan de toutes les religions et de toutes les expériences.

Si la seule raison d'être des humains était de manger, boire, dormir, baiser et se défendre, nous ne serions pas privilégiés du tout. Pensez-y, un costume de lion aurait beaucoup mieux fait l'affaire. Un lion mange ce qu'il veut, il a tout l'équipement pour se défendre, il couche avec 20 lionnes qui font tout le travail pour lui, il dort 20 heures par jour et, tenez-vous bien, le môzusse (en séminaire, j'aurais utilisé un mot plus frappant, du genre religieux) de lion peut avoir jusqu'à 50 orgasmes dans une même journée ! Le cochon, lui, a pour sa part un orgasme qui dure 30 minutes.

Non mais que faisons-nous habillés en humains, vous pouvez me le dire ? Il doit bien y avoir autre chose.

En fait, *il y a* autre chose. Il y a l'immense privilège de pouvoir participer consciemment à la création de nouvelles aventures et de goûter à d'autres niveaux de conscience. Il y a le plaisir indescriptible de pouvoir demander n'importe quoi à l'univers.

Alors, que faites-vous là à travailler 80 heures par semaine ?

Que faites-vous là à regarder la télé quatre heures par jour ?

Que faites-vous là à tenir ce livre ?

Ne perdez pas une minute de plus.

Demandez et vous recevrez !

N'allez pas là où le chemin vous conduit. Quittez le chemin et laissez des traces.

Pierre Morency

DU MÊME AUTEUR

LE CYCLE DE RINÇAGE
2006 • 200 pages • 24,95$

« Réussir sa vie de couple est un projet impossible à réaliser ; au mieux, on peut réussir sa vie à travers le couple. »

Selon Pierre Morency, chacun des « cons-joints » qui forme le couple devrait se voir comme un vêtement qui a accumulé tout au long de sa vie des saletés sous forme de souffrances et de croyances.
Le couple n'a donc rien à voir avec l'amour inconditionnel, l'égalité des sexes ou le partenariat. Le couple est plutôt un merveilleux appareil pour se nettoyer : « On y entre encrassé, on en ressort purifié. »

Partant de ce principe original et employant le style décapant et provocateur qui a fait sa renommée, Pierre Morency présente dans *Le cycle de rinçage* les bonnes raisons de former un couple.

Attention, ça va brasser !

LES MASQUES TOMBENT

2003 • 192 pages • 24,95 $

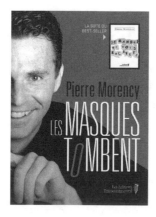

Les lecteurs du livre *Demandez et vous recevrez* n'ont maintenant qu'une chose en tête : **demander.** À partir en voyage. À perdre du poids. À moins travailler. À prolonger leurs orgasmes. À conduire une Mercedes... Ils demandent, mais ne reçoivent pas assez souvent ou pas assez rapidement à leur goût. Pourquoi donc ?

Poursuivant l'exploration de la démarche de vie qu'il préconise, Pierre Morency soutient que la réponse à cette question se trouve là où on la cherche le moins : en nous-mêmes. Si nos demandes ne se réalisent pas, c'est que nous manquons de cohérence ou que nous n'avons pas encore trouvé notre rôle de vie. Voilà tout.

Pour que nos requêtes prennent forme, il nous faut donc partir à la recherche de notre vérité fondamentale. Questionner les attitudes et les croyances qui sont en opposition avec notre conscience et notre cœur. Faire tomber les masques, qui nous empêchent d'être authentiques.

Avec la verve qui le caractérise, l'auteur nous aide à faire la guerre à nos incohérences : garderies, sexe, héritage, marchés boursiers, vie de couple, gourous, éducation... tout y passe !

LA PUISSANCE DU MARKETING RÉVOLUTIONNAIRE

2001 • 248 pages • 29,95 $

Faites-vous ces erreurs en marketing ?
- Écouter les besoins de vos clients.
- Gérer votre entreprise avec des budgets.
- Lancer des promotions sans les avoir testées.
- Mettre plus d'accent sur la gestion des ressources humaines et des coûts
  que sur le marketing et l'innovation.
- Utiliser des brochures corporatives,
  des salons et des représentants
  comme moyens de prospection.
- Ne pas offrir la meilleure garantie
  de votre industrie.
- Offrir du haut de gamme par soumission.
- Vendre à la fois des produits et des services.

Surpris ? Ce n'est que le début. *La puissance
du marketing révolutionnaire* est un livre tout
simplement renversant sur les véritables leviers
de la croissance et de la mise en marché.

Les Éditions
Transcontinental

Pour plus d'information sur les activités,

séminaires et spectacles de Pierre Morency,

consultez le

www.pierremorency.com

Faites-nous part
de vos commentaires

Assurer la qualité de nos publications
est notre préoccupation numéro un.

N'hésitez pas à nous faire part de
vos commentaires et suggestions
ou à nous signaler toute erreur
ou omission en nous écrivant à :

livre@transcontinental.ca

Merci !

Les Éditions
Transcontinental

IMPRESSION
IMPRIMERIE GAGNÉ

IMPRIMÉ AU CANADA